SAINT ERMENFROI

ET

L'ABBAYE DE CUSANCE

PAR

L'Abbé DALLAY

CURÉ DE CUSANCE

BESANÇON

IMPRIMERIE ET LITHOGRAPHIE DE PAUL JACQUIN

Grande-Rue, 14, à la Vieille-Intendance

1886

SAINT ERMENFROI

ET

L'ABBAYE DE CUSANCE

SAINT ERMENFROI

ET

L'ABBAYE DE CUSANCE

PAR

L'Abbé DALLAY

CURÉ DE CUSANCE

BESANÇON

IMPRIMERIE ET LITHOGRAPHIE DE PAUL JACQUIN

Grande-Rue, 14, à la Vieille-Intendance

—

1886

Besançon, le 1er août 1886.

CHER MONSIEUR LE CURÉ,

Vous savez avec quel intérêt j'ai suivi les travaux de la gracieuse chapelle que vous avez eu la pensée d'élever en l'honneur de saint Ermenfroi ; vous ne doutez donc pas de la joie que j'aurai à la bénir.

Vous avez mis dans cette œuvre, depuis huit ans qu'elle est commencée, un zèle intelligent et un dévouement remarquable ; la patience avec laquelle vous l'avez conduite méritait d'être couronnée par le succès.

Le succès est venu, et il est complet.

L'habile architecte à qui vous avez confié votre pensée s'en est inspiré de la façon la plus heureuse, et il l'a rendue dans un style vraiment distingué.

Grâce à lui et à vous, notre Franche-Comté aura un monument de plus.

Mais ce n'était pas assez pour votre dévotion.

Il vous a plu d'ériger un autre monument, et, complétant par vos recherches les documents que nous a laissés, sur saint Ermenfroi, Egilbert, un de ses disciples, vous avez fait un livre utile et édifiant. Personne ne se plaindra de ce que vous ayez mis en ordre les antiques légendes du saint moine de Cusance. Le charme qu'on éprouve à les lire n'y aura nullement perdu.

J'aime à vous voir employer ainsi les loisirs que vous laisse votre ministère, et c'est de tout mon cœur que je bénis vos travaux.

Recevez, cher Monsieur le Curé, l'assurance de mon affectueux dévouement.

† JOSEPH,

Archevêque de Besançon.

POURQUOI CES PAGES ?

A six kilomètres de la ville de Baume-les-Dames, dans la première chaîne de montagnes qui, s'élevant de l'ouest à l'est, sillonne comme un pittoresque amphithéâtre cette partie de notre Franche-Comté, s'ouvre un vallon étroit, au sein duquel était assis autrefois le monastère de Cusance. C'est aujourd'hui un petit village dont on soupçonnerait à peine l'existence, si le gracieux vallon, animé par les eaux caressantes du Cusancin, n'attirait les pas du visiteur, et si l'intérêt qui s'attache aux souvenirs n'appelait l'attention de ceux qui gardent encore quelque souci du passé.

Ici, un jeune et noble seigneur, aussi distingué par les grâces de son adolescence que par la charmante suavité de son caractère, élevé à la cour des rois, où il aurait pu obtenir les plus hautes dignités, a tout quitté pour s'ensevelir dans la solitude d'un cloître.

Son nom est Ermenfroi.

Douze siècles ont passé. Et cependant, qu'on nous permette de le dire, depuis que des liens, qui nous sont chers, nous ont uni au saint de la vallée dans une sorte de filiation, combien de fois son image s'est offerte à nous ! Combien de fois cette solitude, si riche des souvenirs du passé, nous a tenu l'esprit suspendu dans une muette contemplation !

Nous avons pensé à donner une forme à ces souvenirs.

A l'extrémité du vallon, au centre d'un bassin à demi entouré de pittoresques hauteurs, se dresse un *monticule* isolé, comme taillé à pic, et dont la cime arrondie domine

à la fois le cours du Cusancin et les ondula-
tions de la vallée, à travers les plis de la montagne.

Là s'élevait autrefois un château fort, antique demeure de la maison noble de Cusance, et dont il ne reste aujourd'hui qu'une
ruine vieille de plusieurs siècles.

Elever sur ce *monticule* une chapelle en
l'honneur de saint Ermenfroi nous a semblé
une idée à la fois religieuse et patriotique,
l'idée catholique survivant à toutes les ruines
du passé et consacrant un souvenir de notre
histoire.

Sous l'empire de cette pensée, nous avons
dû attendre le moment favorable.

Le 15 août 1878 marquera une date précieuse dans nos souvenirs. Ce jour-là, notre
projet, placé sous les auspices de Notre-Dame
de Cusance, a reçu un commencement d'exé-
cution. Depuis, et pendant huit ans, nous
avons promené la pioche à travers des ruines ensevelies sous le développement d'une

végétation séculaire. Nous avons connu bien des épreuves. Grâce à Dieu, nous n'avons jamais connu celle du découragement. Plus d'une fois même nous avons reçu le gage d'une protection visible. Au milieu de nos travaux, nous nous reportions à douze siècles de distance; nous nous représentions Ermenfroi et ses intrépides travailleurs allant, une pioche à la main et une cognée sur l'épaule, disputer aux rochers la parcelle de terrain qui devait leur assurer le pain de chaque jour. Et quand le soir nous rentrions, le cœur content, dans l'humble presbytère où nous appelaient d'autres devoirs, nous avions devant nous l'image de saint Ermenfroi, « prenant les mains calleuses des laboureurs » et s'inclinant pour baiser, avec respect, » ces nobles marques du travail de la se- » maine [1]. »

On voudra bien nous pardonner ces dé-

[1] *Moines d'Occident*, par le comte DE MONTALEMBERT.

tails en faveur d'une œuvre qui a pour elle, d'ailleurs, les plus hautes recommandations. Elle est née de l'inspiration de l'éminent cardinal Mathieu, de sainte et illustre mémoire. Le comte de Montalembert a consacré à saint Ermenfroi une des plus belles pages des *Moines d'Occident*. Et enfin, deux éminents prélats ont bien voulu nous honorer de leur visite et nous ont laissé les plus précieux encouragements [1].

Cependant il y avait une difficulté, une grande. Nous l'avons prévue, nous l'avons pesée : nous sommes pauvre, et personne, mieux que nous, ne sait quelles bonnes raisons nous avions d'hésiter.

Fallait-il donc jeter l'outil à terre et nous croiser les bras?

Nous ne l'avons point pensé.

Est-ce qu'ils écoutent le concert de l'im-

---

[1] Nosseigneurs Foulon, archevêque de Besançon, et Besson. évêque de Nîmes.

piété, les augustes promoteurs des basiliques de Montmartre et de Saint-Ferjeux ? Est-ce qu'ils redoutent une catastrophe possible, ceux-là dont les mains pieuses versent l'or de la charité ?

Qu'on veuille bien nous faire grâce de cette comparaison,

..... Si parva licet componere magnis.

Nous avons eu confiance, voilà tout.

Nous n'oublierons jamais le bienveillant concours de nos amis, et que les bienfaiteurs de notre œuvre reçoivent ici l'expression d'une reconnaissance qui ne leur fera jamais défaut [1].

Un monument est un témoignage public ; il fallait en expliquer le sens.

Chaque pierre parle un langage muet : il fallait le faire comprendre.

---

[1] Parmi ces bienfaiteurs, dont la liste serait longue, notre cœur va droit à M. le général de Latheulade et à M. Eugène Pouillet, une illustration du barreau de Paris.

Là est toute la raison de cette notice, une simple épitaphe, si on veut, attachée au monument.

Dans ce travail nous avons pris pour guide le biographe de saint Ermenfroi.

Le chroniqueur de Cusance [1] écrivait cinquante ans après la mort du saint. En lisant son récit, on croirait assister à la lecture d'un acte écrit avec l'austère simplicité d'un procès-verbal. Ce procès-verbal a été rédigé sur les lieux mêmes, sur le dire de témoins oculaires, pris en garantie, et avec cette prudente réserve d'un religieux qui écrit entre les psalmodies du chœur et les contemplations de la cellule. Il déclare lui-même qu'il garde le silence sur beaucoup de détails, craignant que sa mémoire ne soit pas assez fidèle à les rapporter [2].

---

[1] EGILBERT, *Vitæ SS. Ermenfredi et Valdalini*.

[2] Le pieux chroniqueur n'était pas le premier venu ; il était à la tête du monastère de Cusance, disciple lui-même des disciples du saint. « La *Vie de saint Ermenfroi* sent son érudit, et

Tous les ans, au témoignage de Mabillon, on lisait à Luxeuil la vie du saint, le jour de sa fête, qui se célébrait dans la grande abbaye et à Cusance, sous un rit solennel.

On ne peut guère douter qu'il s'agisse ici de la vie du saint que nous a laissée le prévôt de Cusance [1].

La vénération s'attachant à la mémoire de saint Ermenfroi, les actes de sa vie n'ont pas manqué de passer aux mains et sur les lèvres du peuple, en même temps qu'ils étaient écrits dans le cœur des disciples du saint abbé.

On nous saura donc gré de n'avoir pas poussé le scrupule jusqu'à négliger ce double courant de la tradition, le récit et l'exemple, n'aurions-nous, pour cela, d'autres raisons que d'y puiser une teinte fidèle des mœurs du temps.

» accuse çà et là quelques imitations de Salluste et de Tacite. » (Dom PITRA, *Vie de saint Léger*, introduction, p. 88.)

[1] Mabillon ne connaissait pas le texte d'Egilbert quand il publia ses *Acta Sanctorum ord. S. Bened.*

Saint Ermenfroi appartient au vii⁰ siècle. Cette époque si tourmentée, et pour cela peut-être si féconde en fruits de sainteté, est digne des temps apostoliques et offre une des plus belles pages de l'histoire de l'Eglise.

Saint Ermenfroi, fondateur de l'abbaye de Cusance, ne fut sans doute ni un Benoît ni un Colomban; sa fondation n'eut pas le rayonnement de la grande abbaye séquanaise et de beaucoup d'autres parmi celles qui, dans ce siècle, couvraient le sol de la Gaule. Dans une sphère plus restreinte, saint Ermenfroi n'en reste pas moins pour nous un des types les plus gracieux de cette époque d'efflorescence religieuse.

Pour ouvrir cette monographie, nous n'avons donc pas eu à décrire un fond de scène; une vue générale n'aurait pas été ici à sa place.

Une monographie intéresse surtout par les détails.

Du vaste et splendide écrin où sont enchâssées les merveilles de ce siècle, qu'on a
appelé un siècle d'or [1], nous avons voulu
détacher une perle cachée. Dans le riche par-
terre de l'Eglise, nous avons cueilli, pour la
respirer, cette fleur d'exquise charité et de
suave humilité qui s'est épanouie dans notre
vallée. Et enfin, en ces jours de molle et ti-
mide langueur, nous avons évoqué de la
tombe une voix de plus qui nous dit : *Con-
fortare et esto robustus* [2].

---

[1] MABILLON.
[2] *Daniel*, x, 19.

SAINT ERMENFROI

ET

L'ABBAYE DE CUSANCE

CHAPITRE PREMIER

FAMILLE DE SAINT ERMENFROI

Obscurités de l'histoire. — Le Varasque. — Naissance
d'Ermenfroi. — Sa première éducation.

Saint Ermenfroi appartenait, par sa naissance,
à une famille noble, riche et puissante du comté
de Bourgogne. Nous n'avons pas pensé à lui
chercher des ancêtres, ne pouvant pas remonter
si haut ; mais nous aurions aimé à suivre, à
la lumière de l'histoire, la descendance de cette
illustre famille. Une difficulté s'est aussitôt
dressée devant nous.

A la distance où nous sommes, avec des

1

noms si peu connus, au milieu d'événements si obscurs se détachant confusément d'un horizon lointain, comment saisir un fil conducteur dans le développement successif des grandes familles jusqu'aux xᵉ et xiᵉ siècles? La famille de saint Ermenfroi devait partager le sort auquel un petit nombre ont échappé.

Il est vrai, Ermenfroi avait un frère du nom de Vandelin. Mais nous savons, par le témoignage de l'histoire et de la tradition, que l'un et l'autre ont gardé une virginité perpétuelle; et lorsque Ermenfroi ramena à Cusance la dépouille mortelle de son frère, on put croire avec raison que ce frère ne laissait personne après lui.

N'y avait-il pas une autre branche se rattachant à l'arbre généalogique ?

C'était le temps où un riche et puissant seigneur habitait une forteresse dont le nom bizarre rappelle un combat, *Vincunt milites*, et que l'on croit être le château de Baume. Ce seigneur, dont le nom, Iserius, reviendra dans ce récit, était de cette peuplade bourguignonne, connue sous le nom de Varasques, établie sur les bords du Doubs, et dont Baume paraît avoir été la capitale.

Ermenfroi et Vandelin furent appelés à recueillir son héritage ; mais ils n'étaient pas seuls à y prétendre, et le partage, paraît-il, ne se fit pas sans difficulté [1].

Les deux frères eurent la terre de Cusance. Ce domaine confinait à la terre de Baume, et comprenait le plateau qui domine, au nord et à l'est, la vallée du Cusancin. La terre de Baume, qui s'étendait en amont, sur les deux rives du Doubs, échut à la branche collatérale.

Après la mort de Vandelin, lorsque déjà Ermenfroi avait caché sa vie sous les voûtes d'un cloître, la terre de Cusance dut faire retour à la seigneurie de Baume.

Mais à peine avons-nous saisi le premier anneau de la chaîne généalogique, qu'elle se perd dans l'obscurité de plusieurs siècles.

On la retrouve cependant, après une série de générations, et grâce à d'incontestables affinités.

Nous ne clorons pas cette notice sans résumer les raisons de filiation entre la famille de saint Ermenfroi et la maison de Cusance.

---

[1] ...... Ex hæredibus.... non sine impedimento.... (EGILBERT, *Vitæ SS. Ermenfredi et Valdalini.*)

En attendant, nous convions le bienveillant lecteur à entrer, avec nous, dans l'intérieur de cette monographie.

Saint Ermenfroi naquit dans les premières années du VII⁰ siècle. Sa famille habitait un château près de Clerval. Perreciot croit que c'était le château de Montfort, élevé sur la crête d'une montagne qui domine Clerval, et dont il reste à peine quelques vestiges.

Ermenrik était le nom de son père, et Valdaline, celui de sa mère.

Qui sait si les présages de la famille, peut-être les instincts prophétiques d'une mère, ne le vouèrent pas à une vie de paix, en lui donnant le nom d'Ermenfroi, « faisant la paix [1]? »

Plus tard, au milieu des grâces de son adolescence, dans les splendeurs de la cour, sous les voûtes du cloître, nous retrouverons cette âme toujours candide et pure, dont la sereine beauté se réfléchissait si bien sur son visage.

Nous avons dit qu'Ermenfroi avait un frère. Celui-ci, qui paraît avoir été l'aîné, Vandelin, donnait, lui aussi, les plus belles espérances,

---

[1] Herrmann friede, guerrier pacifique.

et son nom, ici, sera longtemps inséparable de celui d'Ermenfroi.

La première éducation des deux frères fut soignée, cette éducation qui se donne sous l'œil et avec le cœur d'une mère.

Ils grandirent dans l'amour et l'étude des saintes lettres. Dans ces temps de foi, la religion avait le champ libre pour déposer dans les jeunes âmes les germes d'une vie chrétienne. L'Eglise prenait l'enfant sur les genoux de sa mère, et présidait, de concert avec elle, à ce travail de l'éducation domestique. On ne croyait pas alors que ce fût trop de cette double magistrature pour préparer, dès le berceau, l'avenir des jeunes générations.

CHAPITRE II

SAINT ERMENFROI AU PALAIS

Le roi Clotaire II. — Ecole du palais. — Saint Sulpice. —
Les deux frères. — Mort d'Ermenrik. — Nos pères au
VIe siècle. — Mission de saint Eustaise. — Encore le
Varasque. — La mère et la fille. — La tunique. —
Séjour à la villa de Ranstal. — Les voix angéliques.

Jusque-là, l'enfance des deux frères avait eu
pour sauvegarde la pieuse sollicitude de leur
mère, et l'œil vigilant de cette autre mère,
l'Eglise.

Parvenus à cet âge adulte où l'enfant est sevré
des doux épanchements de la famille, ils furent
recommandés au roi Clotaire II [1].

Cet usage de la recommandation, emprunté
aux races germaniques, était commun parmi la

---

[1] Adulti traduntur ad palatium Clotario regi servituri.

noblesse. Le père qui voulait faire à ses fils un avenir assuré les enrôlait parmi les pages des rois, pour être formés à la vie sociale aussi bien qu'à l'éducation militaire, et être admis aux honneurs de la domesticité royale.

On ferait tort à l'histoire de ne pas reconnaître les vices, les désordres, les violences, dont la cour était alors le théâtre, et dont le prince était trop souvent le premier à donner l'exemple.

L'Eglise, toujours avec son cœur de mère, ne pouvait donc se désintéresser de l'éducation de ces nobles enfants réunis autour du roi mérovingien. Elle leur créa une nouvelle famille dans cet asile consacré qu'on appela du nom pieux et populaire de Chapelle.

C'était bien l'école catholique sous la protection royale. Elle a, avec les célèbres écoles libres des monastères, formé l'âme de nos ancêtres. Aujourd'hui, après douze siècles, avec les mêmes besoins, en face de dangers nouveaux et de violences nouvelles, l'Eglise ne demande que sa place au soleil de la liberté, pour créer ces nouvelles écoles catholiques qui sauveront l'âme de la France en sauvant l'âme de ses enfants.

Quoi qu'il en soit, c'est à cette école du palais

qu'Ermenfroi vint, avec son frère Vandelin, nourrir et tremper son adolescence.

Il y eut des condisciples dont plusieurs renoncèrent, comme lui, aux dignités pour entrer dans la cléricature ou dans le cloître. Parmi eux, nous ne voulons retenir que le nom de saint Léger. Saint Léger nous appartient par plusieurs détails de sa vie qui trouveront place dans ce récit.

Ermenfroi eut surtout pour maître saint Sulpice, issu d'une famille gallo-romaine, enfant, et plus tard pasteur de Bourges, dont il est demeuré le patron.

Saint Sulpice avait reçu de Dieu, nous dit son biographe, le don d'attirer les âmes. Il avait pour maxime de tout rapporter à un précepte de l'Evangile, et faisait de la virginité sa vertu fondamentale. Il faut qu'il ait laissé une bien forte empreinte dans l'âme, d'ailleurs si impressionnable, de saint Ermenfroi, puisque nous trouvons dans la vie du disciple ces mêmes vertus particulières qui font la gloire du maître.

Sans doute aussi, la pieuse mère d'Ermenfroi, du fond de sa villa de Ranstal [1], et malgré la difficulté des communications, envoyait sou-

---

[1] Ranstal ou Rantiscal, *Rantechaux*.

vent à ses doux fils les conseils de sa tendre sollicitude.

Nous ne savons rien de ces épanchements intimes. Mais on aime à se représenter les deux frères, Ermenfroi et Vandelin, servant d'exemple à ces nobles Francs, et s'élevant comme deux oliviers féconds, ou comme deux candélabres d'or, éclairés par le soleil de justice.

Voici Vandelin. Sa belle prestance, son instruction variée, son humble dévouement aux pauvres de Jésus-Christ, lui gagnèrent bientôt les faveurs du prince et l'amitié des officiers du palais. Plus tard, Clotaire lui avait même confié la garde de l'anneau royal et l'avait constitué chancelier de la cour.

Voici surtout Ermenfroi, Ermenfroi, l'ami de Dieu et des hommes. La noble et sereine beauté de ses traits lui avait conquis tous les cœurs; son regard était d'une infinie douceur, et son langage, toujours ami de la vérité, était d'une affabilité continuelle. Sa vie pure et réservée n'ôtait rien à l'agrément de son commerce, et on ne le quittait pas sans se sentir meilleur.

Cependant la mort d'Ermenrik les rappela dans leur pays. Ils apportèrent des consolations à leur mère, prirent possession de leur héritage

et retournèrent à la cour. Mais déjà ils nourrissaient dans leur cœur la pensée de se faire de
leur patrimoine un trésor pour le ciel, lorsqu'un
nouvel événement de famille fixa leur résolu-
tion.

Les exigences du récit attirent ailleurs, pour
un instant, notre attention.

« Nos pères, peuples nouveaux, dont le droit
» au milieu des anciens Séquanais était encore
» mal établi, paraissent dans le viᵉ siècle, divi-
» sés entre eux d'origine, d'idiome, de caractère
» et d'intérêts. Catholiques, ariens, païens
» même, ce n'était que dans l'union d'un même
» culte qu'ils pouvaient s'assimiler les uns aux
» autres, se confondre et former enfin une na-
» tion. Cette œuvre ne s'opéra qu'à la longue.
» Car la grâce divine, qui nous communique en
» un instant les lumières de la foi, laisse, d'or-
» dinaire, à l'action plus lente des hommes et
» du temps le soin de réformer les mœurs [1]. »

Plus d'un siècle après Clovis, on trouve encore des païens dans les rangs les plus élevés.

Un concile tenu à Bonneuil-sur-Marne, en 616,

---

[1] *Mémoire sur l'abbaye de Baume-les-Dames*, par M. l'abbé
BESSON, ouvrage couronné par l'Académie de Besançon en 1844.

avait décidé que la parole de Dieu serait portée aux nations encore infidèles. Saint Eustaise, disciple et successeur de saint Colomban à Luxeuil, un de ces anges de la loi nouvelle qui chassaient les vieux génies de la Gaule druidique, réfugiés dans les gorges de la Bourgogne, fut désigné pour cette mission.

Eustaise s'associa un jeune religieux de son monastère, saint Agile. Saint Agile était fils d'Agnoald, ministre du roi Gontran, de ce noble Bourguignon qui avait obtenu de son maître la donation de Luxeuil pour saint Colomban, et qui, depuis, avait confié son fils, encore enfant, au saint abbé, pour le former à la vie religieuse [1].

Eustaise commença sa mission chez les Varasques, que nous avons vus établis sur les bords du Doubs, et dont les uns étaient encore idolâtres, adorant les génies des bois et les syl-

[1] Saint Agile naquit dans un lieu appelé Honorisiac, de la contrée de Port-sur-Saône. (*Ann. bénéd.*, l. II.) L'historien Dunod croit qu'il s'agit du château de Ray, voisin de Port-sur-Saône, et l'une des plus grandes seigneuries du comté de Bourgogne. Elle a donné son nom à une des plus illustres familles du pays, la maison de Ray. (*Histoire du comté de Bourgogne*, t. I, p. 297.) Le dernier représentant de cette maison, Claude-François, baron de Ray, ne laissa qu'une fille, qui fut mariée en 1635 à Albert de Mérode, marquis de Trélon, dont ses descendants portent si dignement le nom.

vains de l'antiquité classique, tandis que les autres étaient en proie à l'hérésie.

Au milieu de cette peuplade païenne, et païen lui-même, vivait ce riche et puissant Iserius dont nous avons parlé, et qui était de la famille de saint Ermenfroi.

Selon le récit du chroniqueur, Iserius, pour mieux s'assurer l'héritage de son frère, mort sans enfants, avait épousé Randone, sa veuve, et, de cette union illégitime, était née une fille du nom d'Islia.

Eustaise fit entendre au nouvel Hérode la parole de saint Jean-Baptiste : « Il ne vous est » pas permis d'avoir la femme de votre frère [1]. »

Iserius accueillit cette voix nouvelle venue du désert, se sépara de Randone, et, en échange du don de la foi qu'il avait reçu d'Eustaise, il lui offrit l'hospitalité dans son château.

En même temps, Iserius fonda, dans un de ses domaines, sur les bords du Cusancin, un monastère où Randone et Islia, la mère et la fille, embrassèrent la vie religieuse.

On vit bientôt se réunir, dans cette nouvelle ruche, un essaim de quarante vierges pour par-

---

[1] *Marc.*, VI, 18.

tager la vie commune avec ces deux servantes du Christ.

Islia succéda à sa mère dans le gouvernement de la communauté. La mort de ses parents l'ayant laissée unique héritière des biens de sa famille, on pouvait espérer que, de ce côté-là du moins, l'avenir était assuré.

Mais qui protégerait à la fois et guiderait la faiblesse de ces généreuses épouses du Christ, réfugiées dans cette solitude peuplée de forêts, et au milieu de populations encore si voisines du paganisme et de l'hérésie ? Par un acte public, Islia soumit sa communauté au chapitre régulier de Saint-Etienne de Besançon [1].

Le monastère ne devait pas durer longtemps. La vallée de Cusance fut dévastée par la peste et abandonnée par ses premiers habitants. Toutes les religieuses succombèrent sous le terrible fléau, et Islia partagea leur sort.

Sa mort laissait ouverte la succession de ses biens. C'est ainsi qu'Ermenfroi et Vandelin

---

[1] Les chanoines de l'église de Saint-Etienne de Besançon vivaient sous une règle commune, probablement celle de saint Colomban. Saint Donat, alors évêque de Besançon, adressa un avertissement, *Monitorium ad fratres sancti Pauli et sancti Stephani.*

furent appelés à recueillir l'héritage d'Iserius.
Hâtons-nous ici, pour dédommager le lecteur,
de citer une page de l'illustre auteur des *Moines
d'Occident* :

« Ermenfroi, rappelé dans son pays par le
» soin de recueillir la succession d'un très
» puissant seigneur de sa famille, avait trouvé,
» en parcourant ses nouveaux domaines, un
» petit vallon étroit, où deux sources limpides,
» se réunissant au pied d'un *monticule*, forment
» un affluent au Doubs qui se nomme le Cusancin,
» et où avait déjà existé, sous le nom de Cusance,
» un monastère de filles.

» En contemplant ce site, il se sentit pénétré
» du désir de relever les ruines de ce sanctuaire
» abandonné, et de s'y consacrer lui-même au
» Seigneur. Revenu à la cour de Clotaire, il
» laissa bientôt apercevoir le nouvel esprit qui
» l'enflammait. Un jour qu'il parut devant le
» roi avec sa tunique de soie en désordre et
» retombant le long de ses jambes, Clotaire lui
» dit : « Qu'est-ce donc que cela, Ermenfroi ?
» Quelle est cette façon de porter la tunique ?
» Est-ce que, par hasard, tu voudrais te faire
» clerc ? — Oui, vraiment, répondit le Varasque,
» clerc, et même moine, et je vous demande

» de m'en octroyer la permission [1]. » Les rois mérovingiens avaient imposé à tous les nobles Francs la défense de prendre l'habit clérical ou monastique, défense fondée sur l'obligation du service militaire dû au prince.

Le roi ne donna pas moins son consentement, et les deux frères partirent pour la solitude.

Ils passèrent ensemble quelque temps auprès de leur mère.

C'est à ce séjour dans la villa de Ranstal qu'il faut rattacher un fait miraculeux où l'imagination populaire, dans un élan de foi et de piété, a voulu voir, plus tard, l'apparition de la sainte hostie à saint Ermenfroi, au moment même de la consécration dans l'église du voisinage. Voici le fait tel qu'il nous est rapporté par le chroniqueur de Cusance.

Un jour de dimanche, à la suite d'un accident, la famille avait été retenue au château et n'avait pu se rendre à Santoche pour entendre la messe. Les deux frères étaient sortis au jardin pour prier. Ermenfroi, pieusement recueilli dans l'oraison, entendit des voix angéliques se mêlant à la douce et sainte harmonie des chants litur-

---

[1] *Les Moines d'Occident*, t. II, p. 577.

giques de la messe. « Frère bien-aimé, dit-il à Vandelin, n'entends-tu rien ? — Rien, répondit Vandelin. — Ecoute maintenant.... » Et tous les deux, le cœur ému d'une sainte frayeur, entendirent les harmonies célestes aussi long-temps que dura l'office divin. Ils racontèrent le prodige à leur mère, qui leur fit un tendre reproche : « Pourquoi, très doux fils, leur dit-elle, ne m'avez-vous pas appelée? » Ils lui firent promettre de n'en rien dire jusqu'à sa mort. Et tous ensemble ayant rendu grâces, on se mit à table.

Le récit n'a rien à perdre en s'arrêtant à des faits qui ne sont pas rares dans la vie des saints : c'est la communion des anges du ciel avec les anges de la terre. Et par un nouveau privilège, les âmes droites et pures comprennent ces communications intimes et surnaturelles qui nourrissaient la foi et la piété de nos pères.

Cependant Valdaline ne voyait pas sans regret les dispositions de ses fils pour la vie religieuse ; elle songeait à l'avenir de sa famille. Ermenfroi franchit ce cher obstacle, et, bien décidé à ensevelir les splendeurs du siècle sous les voûtes sombres du cloître, il prit le chemin de Luxeuil.

CHAPITRE III

SAINT ERMENFROI A LUXEUIL

La vie parfaite. — Les moines. — Saint Colomban. —
Luxeuil ; sa prospérité. — Prêtre et moine.

On a vu qu'Ermenfroi avait déjà puisé au palais mérovingien le goût de la vie parfaite. Lui,
le noble Franc, à cet âge de la vie où l'âme as-
pire à de grandes choses, le voilà devenu moine.

On peut s'en étonner aujourd'hui ; dans le
VIIe siècle, c'était une véritable contagion.

Jusque-là l'Eglise avait eu à se faire une place
dans le monde, et on sait que, pendant trois
siècles, il lui en avait coûté le plus pur sang de
ses fils. Jusque-là, le soleil de la vérité catholique avait eu à dissiper les ombres du paganisme et les faux jours de l'hérésie. Ce fut
l'œuvre des docteurs et des conciles.

2

Cependant, la vie montait, cette vie morale, cette vie surnaturelle que l'Eglise instillait dans les âmes. Depuis longtemps déjà, pour échapper à cette corruption générale dans laquelle s'affaissait le vieux monde, on avait vu tout ce qui avait conservé le sentiment de l'honneur et de la liberté chercher un asile dans les monastères. Voici le moment où les Francs entrent dans le mouvement vers la vie religieuse. Ils y apportent une sève nouvelle, fécondée par le christianisme.

Dès lors, nous avons sous les yeux ce magnifique spectacle : la puissance expansive de la foi, l'efflorescence de la vie parfaite, et cette splendide couronne de saints qui orne le front de l'Eglise au VIIe siècle.

Certes, ils n'allaient pas au-devant d'une vie commode et luxueuse, ces fils de nobles et de riches, à qui le monde, jusque-là, n'avait rien refusé de ses faveurs.

Sacrifier leurs biens et n'avoir rien en propre, pour se dévouer, sans autre souci, à l'amour de Dieu et au service de leurs frères ; comprimer le corps pour donner plus d'essor à l'âme et lui ouvrir un champ plus libre ; se livrer aux travaux manuels, si étrangers à leurs habitudes ;

vivre sous le niveau d'une règle commune avec le pauvre et l'enfant du peuple ; ne reconnaître d'autre supériorité que celle que donnent la vertu et la sainteté : voilà le moine.

Il serait dans les règles d'une sage critique de remonter à l'origine de ces institutions monastiques, de saisir la pensée qui a présidé à leur création, le souffle puissant qui a pénétré leur forte organisation, et enfin de rendre justice à ces hardis pionniers de cette civilisation chrétienne, dont les générations futures devaient récolter les fruits.

Eh bien ! non. Il est plus commode, en vérité, sans égard pour les services rendus, de calomnier de gaieté de cœur, de livrer en masse à l'exécration des foules, ces demeurants d'un autre âge. A un moment donné, on tranche dans le vif, à coups de décrets, on frappe à mort. Malheur aux vaincus !

Lorsque Ermenfroi vint à Luxeuil, la célèbre abbaye était déjà dans tout l'éclat de sa prospérité. Certes, il y aurait intérêt à suivre les traces de saint Colomban, dressant au milieu des ruines romaines, en face des idoles mutilées du paganisme et sur les débris d'anciens thermes, les premières cellules de son monastère. On ne

se lasserait pas d'admirer, avec les historiens [1],
les merveilleux développements et la prodi-
gieuse fécondité qui, en moins de quarante
ans [2], ont fait de l'abbaye de Luxeuil la métropole monastique de l'Austrasie et de la Bourgogne [3].

Nous verrions « affluer à son école florissante
» les clercs et les moines des autres monas-
» tères, et plus encore les fils des plus nobles
» familles ; les pères y venant étudier avec leurs
» enfants ; les uns pour aspirer à l'honneur
» d'être comptés un jour parmi les enfants de
» saint Colomban, les autres pour rentrer dans la
» vie séculière, avec la renommée d'avoir puisé
» la connaissance des lettres divines et humaines
» dans un centre d'études si fameux [4]. » Nous
verrions les chefs des colonies rayonner de ce
foyer lumineux, pour aller dans le Nord, dans
le Midi et partout, former, comme Ermenfroi à
Cusance, autant de nouvelles et brillantes cons-

---

[1] Voir surtout l'*Histoire des Moines d'Occident*, et la *Vie des
saints de Franche-Comté* par les professeurs du collège Saint-
François-Xavier.

[2] Fondation de l'abbaye de Luxeuil en 590.

[3] Luxovium omnium caput Burgundiæ monasteriorum et
Franciæ. (*Gallia christ.*)

[4] *Moines d'Occident*, t. II.

tellations dans le ciel de l'Eglise [1], ces pontifes accordés aux sollicitations des Eglises épiscopales [2], et enfin tous ces hommes éminents qui vécurent en ce temps, réunis sur un même point, sous l'heureuse influence de la ferveur monastique et d'une forte discipline, se préparant à l'apostolat [3], au martyre [4], à la gloire [5].

Mais il faut nous renfermer dans le cadre de cette notice.

[1] Lure, Saint-Paul de Besançon, Romain-Moutier, Jussa-Moutier, Bèze, Bregille, Cusance, dans la Bourgogne; Saint-Ursanne, Grandval, dans l'ancien évêché de Bâle; Fontenelle, Jumièges, sur la Seine; Jouarre, Rebais, Farre-Moutier, Moutier-la-Celle, Haut-Villiers, Montier-en-Der, Laon, dans la Champagne et la Brie; Leucanoüs, à l'embouchure de la Somme; Centuce, dans le Nord; Sithiu, dans l'Artois; Remiremont, dans les Vosges; Solignac, fondé par saint Eloi dans le Limousin.

[2] Donat, de Besançon; Achaire et Mommolin, de Noyon; Cagnoald, de Laon; Hermenfroi, de Verdun; Audomar, d'Arras.

[3] On a vu que les conciles confiaient solennellement l'évangélisation des peuples aux abbés de Luxeuil. L'Alsace, la Bourgogne, les Vosges, la Bavière, la Suisse, l'Allemagne, ont été le théâtre de leur apostolat

[4] Berchaire, de Haut-Villiers; Germain, de Grandval; Ragnebert, Ragnacaire, de Bâle et d'Augst, et les trois cents martyrs de Luxeuil qui, avec leur abbé Mellinus, succombèrent sous le cimeterre des Sarrasins.

[5] La *Vie des saints de Franche-Comté* porte jusqu'à vingt et un le nombre des saints qui, dans le court espace de vingt ans, sortirent de la seule abbaye de Luxeuil. (T. II, pièces justificatives, VI.)

Tel était, après quarante ans, l'éclat de l'abbaye de Luxeuil, lorsque Ermenfroi vint prendre sa place au milieu de ces moines rassemblés sous la crosse de l'abbé Valbert.

Il avait pour frères de cellule Omer, Bertin, Mommolin, Agile, Germain, Valdeline, presque tous de très noble race, et dont les noms, qui seraient depuis longtemps oubliés, sont honorés aujourd'hui dans l'Eglise.

Ermenfroi partageait avec eux les travaux du jour et les veilles de la nuit ; il mêlait sa voix à celles des six cents moines, se succédant, sans interruption, avec leurs divers chœurs, dans cette psalmodie sans fin appelée *Laus perennis.*

Ici se place un événement solennel dans la vie de saint Ermenfroi.

On se rappelle qu'à la cour, le roi lui ayant demandé s'il voulait se faire clerc : « Clerc et même moine, » avait répondu Ermenfroi. On distinguait alors entre ces deux classes de religieux, les clercs et les moines. Non pas que la qualité de prêtre fût incompatible avec la profession monastique ; mais, à cette époque où les monastères étaient si nombreux et si peuplés, tous les moines n'étaient pas prêtres. Il n'y avait de religieux honorés du sacerdoce que pour célébrer la messe dans l'intérieur des communautés.

Ermenfroi était déjà moine, il devint prêtre [1] : prêtre digne de Dieu, lui si humble, si doux, si juste, si pieux. « C'est vous, Seigneur, qui le » gardiez, qui dirigiez ses pas aux choses meil- » leures, vous qui l'entouriez du bouclier de » votre protection, vous qui, ne dormant ni ne » sommeillant jamais, gardez toujours et sauvez » ceux qui espèrent en vous [2]. »

Cependant l'abbé Valbert, voyant les religieux venus de partout se presser en foule autour de lui, songea à les placer ailleurs et au loin.

« C'est alors que l'on vit pulluler, à travers » les Gaules, dans les châteaux et dans les » villes, au sein des campagnes comme dans » les déserts, des armées de moines et des » essaims de religieuses, portant partout avec » eux les règles de saint Benoît et de saint » Colomban [3]. »

---

[1] Qui factus monachus etiam post sacerdotalis officii honorem ejus (Valdeberti) electu ascendit (Egilb.). *(Vitæ SS. Erm. et Valdalini.)*

[2] *Vita S. Geremiæ*, n° 17, sæc. ii, Bened.

[3] *Moines d'Occident*, t. II, p. 564, *in vitâ S. Salaburgæ, ap.* Act. SS. ord. S. Benedicti.

Comme Berchaire à Haut-Villiers et Montier-en-Der, Valdaline à Bèze, Germain à Grandval, Flobert à Moutier-la-Celle, Bertin à Sithiu, Ermenfroi vint à Cusance fonder une nouvelle colonie.

CHAPITRE IV

Origines de Cusance. — Tradition celtique. — La vallée.
— Les nouveaux venus. — Le monastère. — Ermenfroi
et Colomban. — Cusance et Luxeuil. — Vandelin. —
L'amitié fraternelle. — Une épreuve. — Mort de Vandelin. — La vie commune. — La prière. — Le travail
et les travailleurs. — L'homme de Dieu. — Mort d'Ermenfroi.

Ces hommes de Dieu étaient aussi des hommes
de la nature. Il leur fallait des sites à part : le
fond des vallées, l'épaisseur des forêts, la pro-
fondeur des déserts, où il leur fût permis d'être
à Dieu seul.

On se rappelle qu'Ermenfroi, ce noble Franc,
visitant, pour la première fois, ses domaines
de Cusance, avait noté en secret, au fond de
son âme, l'emplacement d'un futur monastère.

Les mémoires, d'ailleurs si rares, de cette

époque ne nous apprennent rien sur les origines de Cusance, et la chronique que nous avons sous les yeux n'offre guère d'intérêt qu'à partir de la mission de saint Eustache, abbé de Luxeuil.

Toutefois, la fondation d'une communauté de religieuses, la visite d'Ermenfroi dans ses nouveaux domaines, après la ruine du premier monastère, ne laissent pas de doute que la vallée avait déjà ses habitants.

Faut-il admettre que le *monticule* était déjà occupé du temps de César? Des fouilles pratiquées dans les ruines du château semblent indiquer des constructions de l'époque gauloise. Seraient-ce les ruines d'un temple païen? On voit dans la vie de saint Germain, évêque de Paris, que la Bourgogne, avec ses gorges profondes, était le pays où vivaient les traditions celtiques et les plus sombres souvenirs des druides. Saint Colomban, arrivant à Luxeuil, trouva des idoles abandonnées dans les bois, au milieu des ruines de temples païens. Sans nous arrêter, en ce qui concerne Cusance, à ces traditions vagues, où plusieurs, sans doute, ne voudront voir que des fantaisies de la légende, on peut croire qu'à cette époque nos pères étaient païens à la suite d'Iserius. On sait que Cusance faisait partie des domaines de ce puissant seigneur, et avec quel succès saint Eustaise remplit la mission que lui avait confiée le concile de Bonneuil.

On se figure facilement ce que pouvait être Cusance au moment où Ermenfroi vint prendre possession de cette solitude resserrée entre des hauteurs boisées et hérissées de rochers.

L'habitant de la vallée ayant peu de besoins, et content de sa médiocrité, ne demandait au coin de terre occupé que le tribut nécessaire. Il n'y avait donc pas de culture régulière. Une végétation spontanée avait dû se développer ; le sol était envahi par des halliers de ronces et d'épines ; le Cusancin, sorti de la racine d'un rocher, se frayait, avec peine, un passage à travers un terrain marécageux et couvert de broussailles [1] ; les flancs arides de la montagne, la *Côte ferrée*, la *Côte de Baume*, pouvaient déjà être qualifiés de déserts.

Et voici que de nouveaux venus s'installent dans cette solitude, plutôt faite pour porter des reptiles que pour recevoir des hommes.

---

[1] Le Breuil, hallier marécageux, de l'allemand *Brühl*.

Voici Ermenfroi et ses disciples.

Certes, il leur fallait du courage ; mais ils portaient avec eux cette force que rien ne surpasse, la force que donnent la foi et la confiance en Dieu. Et si l'égoïsme de notre siècle ne comprend rien à cette force qui se traduit par le dévouement et le sacrifice, il ne faut pas lui en faire honneur.

Ce fut aussi un beau triomphe pour l'humilité, le jour où le noble Ermenfroi, obéissant à l'esprit de Colomban, et avec la bénédiction de l'abbé Valbert, parut dans son domaine de Cusance sous le froc du moine. La vallée dut tressaillir sous les pas de ces nouveaux colons ; nos pères durent les saluer avec joie comme un bienfait du ciel. Quant à nous, ce n'est pas sans une vive émotion que nous évoquons ces souvenirs d'une époque lointaine.

Il ne faut pas oublier qu'à cette époque de grande ferveur, on n'embrassait pas la vie religieuse sans en pousser loin la pratique. Ermenfroi ne voulut pas qu'il lui fût permis de jeter des regards en arrière, pour mieux les porter en avant. Il se dépouilla entièrement de son argenterie et de tout le luxe de sa maison. Il fit une part pour les pauvres, comptant pour lui sur les aumônes du ciel; il consacra le reste à construire et à orner l'église du nouveau monastère, et la mit sous le vocable de saint Jean-Baptiste, ce premier des solitaires de la loi nouvelle.

Comme le noble Romaric à Remiremont, il donna la liberté à ses serfs ; et sans doute aussi, comme à Remiremont, plusieurs de ceux qu'il avait affranchis devinrent, dans la nouvelle communauté, les fils spirituels du saint abbé.

Son premier soin fut de relever les ruines du sanctuaire abandonné, qui devint ainsi le berceau du monastère de Cusance. Il y fut bientôt entouré de disciples mettant leurs biens en commun et se consacrant eux-mêmes à la vie religieuse.

Quelque respect que nous ayons pour les graves historiens qui ont porté jusqu'à trois cents le nombre des moines à Cusance, nous croyons, après l'illustre historien des *Moines d'Occident*, que la communauté ne compta que trente religieux. Ce partage d'opinions repose, sans aucun doute, sur le sens à donner au mot latin *triceni*, qu'on trouve également dans le texte d'Egilbert et dans les leçons de l'office de Luxeuil [1].

---

[1] Un manuscrit de François Souget, prêtre de Baume et curé de Dampvaux, porte à quarante le nombre des moines à Cusance.

La situation du monastère de Cusance, les limites de son enceinte, ce qui nous reste de ses ruines, n'indiquent pas de vastes proportions. L'abbaye de Cusance, dépendante de Luxeuil, n'était pas, d'ailleurs, réservée à des destinées aussi brillantes que beaucoup d'autres colonies de cette métropole ; et enfin, elle était le domaine privé de saint Ermenfroi, et n'a pas été, comme tant d'autres, dotée de la munificence des rois.

Si donc l'abbaye de Cusance a pris sa place dans les annales monastiques à côté des plus illustres, elle le doit moins au nombre de ses religieux qu'à sa fervente discipline, et surtout à la renommée de son fondateur.

A cette ferveur de discipline éclose à Luxeuil sous le souffle puissant de saint Colomban, saint Ermenfroi devait, par la disposition naturelle de son caractère, donner ce tempérament de douceur et de charité qui fit, moins d'un siècle après Colomban, prévaloir la règle bénédictine à Luxeuil, et à Cusance comme à Luxeuil.

On se plaît, du reste, à contempler, même de loin, les traits du doux Ermenfroi en face de la grande figure de l'austère Colomban. A côté de Colomban qui est le saint de la vie publique, de la lutte avec les rois, les princes et les prélats, Ermenfroi nous apparaît comme le saint de la nature, de la vie humble et retirée, de la solitude et de la prière.

Achevons le contraste. Si Luxeuil est devenu le doux et sacré berceau des vocations sacerdotales [1], si l'on respire sous ses voûtes séculaires le parfum de sainteté des anciens jours, c'est que le temps et la main des hommes ont respecté l'antique monument. Ce monument a conservé son double cachet : l'austérité du cloître pour les disciples de Colomban, et la majesté d'un palais pour l'éducation des nobles Francs qui se pressaient sous les voûtes de la célèbre abbaye.

A Cusance, les ruines ont pris la place de l'humble monastère. Il en est resté cependant quelques vénérables débris : cette porte d'entrée dont la voûte très basse indiquait, pour les religieux, le joug de l'humilité ; ces cellules étroites qui donnaient à peine passage à la lumière ; ces murs épais qui ménageaient aux

---

[1] Le souvenir de l'antique abbaye fut rajeuni par le petit séminaire de Luxeuil.

moines une retraite assurée contre les bruits du monde, nous laissent assez entrevoir que saint Ermenfroi avait dû se bâtir là un palais digne de son humilité. Cela suffit à sa gloire. Et qui sait si le fondateur de Cusance, si modeste, si pacifique, ne fut pas aussi grand aux yeux de Dieu que le fondateur de Luxeuil avec l'auréole de gloire qui s'attachait à son nom ?

Si nous avons insisté, c'est que d'autres liens encore rattachaient Cusance à Luxeuil.

On pouvait craindre que l'origine même de sa fondation ne mît pas toujours le monastère de Cusance à l'abri des violences du dehors, d'autant plus qu'il n'y avait pas à compter sur la faveur de la protection royale.

Saint Ermenfroi y pourvut. Sans perdre de vue l'harmonie intérieure de la nouvelle communauté, il prit, de concert avec Vandelin, les dispositions propres à garantir ses destinées futures. Une charte, datée de la troisième année du règne de Dagobert (631-632), soumit le monastère à la grande abbaye de Luxeuil, et assura ainsi à la fille la protection de la mère.

Il y était dit que si un religieux de Cusance en était jugé capable, il prendrait le gouvernement de la communauté, du consentement de l'abbé de Luxeuil. Sinon, la communauté aurait le droit de se choisir dans l'abbaye mère un supérieur qui recevrait, toujours de l'abbé de Luxeuil, ses lettres d'obédience. On fit de cet instrument public deux copies, pour être conservées, l'une à Luxeuil, l'autre, avec l'original, dans les archives du monastère de Cusance.

Vandelin, demeuré dans le siècle, devait pourvoir à la subsistance de la communauté. Cette disposition était commune à tous les monastères de l'époque. Pour ne pas distraire les abbés aussi bien que les moines de la vie intérieure du cloître, il leur était prescrit d'avoir un procureur séculier. Les règlements allaient même plus loin ; le monastère devait renfermer dans son enceinte des jardins, un moulin, une boulangerie, des ateliers, afin qu'aucun besoin de la vie matérielle ne fournît aux moines l'occasion de sortir [1]. Il faut voir, sans doute, dans la charge de procureur confiée à Vandelin, l'origine du droit de patronage que la maison de Cusance a toujours exercé sur le monastère.

Du fond de sa solitude, Ermenfroi a-t-il

---

[1] On montre encore aujourd'hui les endroits de la vallée où se trouvaient le moulin, la forge, la tannerie, etc., à l'usage du monastère.

entendu des voix parties du siècle ? A-t-il en-
tretenu ces amitiés d'enfance et de jeunesse
qui sont comme des confidences de famille ?
Il ne paraît pas. Cependant, c'était le temps
où une tante de saint Léger était à la tête des
religieuses de Baume ; le temps où une humble
vierge, sainte Odile, elle aussi sa parente,
s'élevait comme un lis pur au milieu des fleurs
monastiques, sous la garde de l'abbesse. Le
culte spécial dont saint Léger fut honoré à
Baume et à Cusance [1] indique assez qu'il a

[1] Cusance a conservé, dès les premiers temps, des reliques des
deux frères martyrs saint Léger et saint Guérin. Les reliques de
saint Guérin furent comprises dans la translation à Santoche
des corps de saint Ermenfroi et de saint Vandelin. Une ordonnance de l'archevêque de Besançon Antoine-Pierre de Grammont, en date du 16 avril 1658, assure à l'église de Santoche la
propriété de ces reliques : *Dicimus et declaramus reliquias sanctorum de quibus in præsentibus fit mentio....* Cusance conserve
encore le *pouce* de saint Léger.

Fidèle à la mémoire du saint évêque d'Autun, la ville de
Baume a érigé une église en son honneur ; la montagne la plus
voisine a conservé son nom. Plusieurs paroisses de l'ancienne
terre de Baume sont placées sous son patronage. (*Mémoire sur
l'abbaye de Baume.*)

La famille de saint Léger étendait ses vastes domaines au
fond des Vosges, dans les vallées des Burgundes, et jusqu'aux
plaines de la Saône ; mais son séjour principal était assez près
de la Germanie. (Dom PITRA.) On voit d'ailleurs un membre de
la famille de saint Léger figurer, comme abbesse, dès les pre-

laissé dans le pays des traces profondes, sinon de son séjour, au moins de son passage.
Il avait connu Ermenfroi au palais mérovingien ;
il dut visiter son ami à Cusance. Léger, Odile,
Ermenfroi : quelles bénédictions pour nos
pères, et, pour nous, quels souvenirs !

Jusque-là, les deux frères avaient toujours
vécu dans une sainte et étroite union ; vous
auriez dit une seule volonté dans ces deux
âmes aspirant, de concert, vers les biens
célestes. Derrière les murs du monastère,
cette affection naturelle, si légitime, ne perdit
aucun de ses droits sur le cœur d'Ermenfroi.
Tout dominé qu'il était par les affections du
cloître et la pensée du ciel, Ermenfroi n'en
conservait pas moins la plus vive sollicitude
pour les intérêts de son frère. Celui-ci, après
la mort de leur mère, continuait à habiter

miers temps de la fondation du monastère de Baume par un
comte Garnier. Or, si l'on en croit des témoignages que le plus
naïf et le plus ancien de nos historiens, Gollut, tient pour au-
thentiques, la famille de saint Ermenfroi aurait pris des alliances
sur les rives du Rhin. Sans doute, on ne bâtit pas l'histoire
sur des hypothèses ; mais si le comte Garnier, mort en 603,
était le frère d'Iserius, le jour se ferait facilement sur plusieurs
points de notre histoire à cette époque. En tout cas, on est bien
tenté de voir ici comme une affinité de race entre la famille de
saint Ermenfroi et celle de saint Léger.

Ranstal ; mais Ermenfroi, malgré la distance, suivait d'un regard intérieur ce frère bien-aimé, et le dirigeait de loin.

Le démon, ne pouvant avoir prise sur l'homme de Dieu, avait voulu, du moins, l'atteindre dans l'objet de sa tendre sollicitude, l'âme de son frère. Il avait tenté de jeter le poison dans le cœur de Vandelin, en offrant à ses yeux les formes séduisantes d'une jeune fille au service de sa maison. Ermenfroi, averti par une révélation intérieure, accourut, du fond de sa cellule, arracher son frère au danger, et l'emmena avec lui au monastère.

Là, dans de pieux entretiens, seuls et sans témoins, Ermenfroi eut bien vite dissipé le nuage, et la fleur virginale, un instant voilée, reprit tout son éclat dans le cœur du frère bien-aimé. Les témoignages du temps, aussi bien que la tradition, nous assurent que Vandelin garda une virginité perpétuelle.

Cependant Dieu réservait à son serviteur la bénédiction de l'épreuve dans la plus chère affection qu'il eût conservée ici-bas. Ermenfroi apprit, par une nouvelle révélation intérieure, que Vandelin était gravement malade.

Il alla le visiter de nouveau et extraordinairement ; car il ne quittait jamais sa cellule que pour les intérêts les plus graves de sa communauté, et sur les instances de ses religieux. Que se passa-t-il dans cette dernière rencontre? Ermenfroi parla à ce frère bien-aimé des choses du ciel, de la vie bienheureuse, et le cœur de Vandelin s'ouvrit tout entier aux eaux mystérieuses de la fontaine de vie. Après une dernière prière et une dernière bénédiction, Ermenfroi reprit le chemin du monastère.

Les deux frères ne devaient plus se revoir icibas.

Quelques jours après, pendant la nuit, Dieu fit connaître à son serviteur que Vandelin venait de passer à une vie meilleure.

Ermenfroi, l'âme toujours sereine jusque dans le sacrifice, se leva aussitôt, fit assembler ses religieux et leur fit part de la mort de son frère. Tous ensemble passèrent le reste de la nuit en prières, rendant gloire à Dieu dans les consolations de l'espérance.

A l'aube du jour, Ermenfroi, accompagné de ses fils spirituels, traversa le Lomont et vint recevoir, à Hyèvre, sur le Doubs, la dépouille de Vandelin. Quatre hommes l'avaient apportée ; au passage de la rivière, quatre hommes se présentèrent pour remplacer les premiers. « Non, dit Ermenfroi, deux suffisent. » Ils suffirent, en effet; car ils gravirent le Lomont avec un tel entrain et d'un pied si léger, que le peuple, dans l'admiration, semblait immobile derrière eux. Un autre prodige frappa tous les yeux : on vit la fumée de l'encens s'élever en colonne épaisse, puis s'étendre comme un nuage sur le flanc de la montagne. Ce fut pour le peuple un présage favorable à la sainteté de Vandelin. Son corps fut enseveli avec honneur dans le tombeau qu'Ermenfroi avait préparé pour lui-même, afin que la mort ne séparât point ceux dont les âmes avaient été si étroitement unies en Dieu.

L'Eglise n'a pas donné à Vandelin, dans ses diptyques sacrés, une place à côté de saint Ermenfroi ; mais la dévotion populaire associa longtemps dans les mêmes hommages les deux frères qui avaient mené sur terre la vie des anges.

Nous devions nous-même cet hommage à l'amitié fraternelle.

Il est temps de contempler saint Ermenfroi dans sa chère solitude.

Il veut en faire l'asile de la paix. Lui, l'ancien noble, se met à la mesure de tous, se réjouissant avec ceux qui se réjouissent et pleurant avec ceux qui pleurent. Avec lui, on ne connaît ni la joie immodérée ni l'excessive tristesse. Une sainte et touchante harmonie s'établit entre l'abbé et ses religieux. Son autorité, à la fois douce et active, obtient facilement de tous cette austère régularité dont il est le premier à donner l'exemple.

Placés le plus souvent, à l'entrée de leur vocation, entre un avenir brillant dans le monde et les austérités de la vie religieuse, ces amants de la solitude ont choisi le sacrifice. De leur part, c'est toujours le même entrain, la même fidélité. Jamais un retour dans le monde. Jamais le murmure, ce venin funeste, dont le feu brûlant circule dans les membres pour tuer la vie commune, n'effleura leurs lèvres paisibles comme leurs cœurs. Ils n'ont pas toujours le nécessaire; mais alors ils n'en sont que plus contents et plus disposés à rendre grâces à Dieu. C'est l'image de l'Eglise des premiers jours : un seul cœur, une seule âme.

La prière était l'âme de cette vie angélique.

La prière! Dans le silence de la nuit, il nous arrive quelquefois de prêter l'oreille; nous voudrions saisir un accent de ces mélodies si douces et si saintes du chant liturgique ; il nous semble entendre ces moines chanter, comme l'oiseau, et saluer avec lui l'aube du jour. D'autres fois, nous aimerions à suivre les traces d'Ermenfroi errant sur les bords du Cusancin, ou s'enfonçant dans les bois et les rochers pour se dérober à la renommée de sa vertu, et pour prier.

Mais les fêtes religieuses ont disparu ; les voix de la solitude se taisent ; on cherche en vain l'ombre du saint religieux. Au milieu de ces souvenirs, du moins, le cœur s'élève et fait monter, à son tour, vers Dieu l'hymne de la louange : Gloire à Dieu !

Le noble Ermenfroi, du reste, semble n'avoir voulu vivre dans l'humble vallée que du modeste produit de son labeur manuel. Lui et ses disciples s'imposent la rude tâche de creuser de plus en plus les flancs de la montagne, et de disputer aux rochers la parcelle de terrain cultivable.

Aujourd'hui, le visiteur admire cette nature animée et souriante, avec ses tons variés, encadrée dans une couronne de verdure. Mais l'œil attentif surprend la main qui a tracé les lignes du cadre ; c'est la même main qui a créé cette gracieuse prairie où le Cusancin promène en liberté le murmure de ses méandres et de ses eaux poissonneuses.

« Ermenfroi se réservait souvent les plus
» humbles labeurs. Quelquefois il passait des
» journées entières à cribler le blé que les autres
» battaient dans la grange, car il aimait le travail
» et les travailleurs ; le dimanche, en célébrant
» la messe, il distribuait au peuple les *Eulogies*,
» ou hosties non consacrées, qui servaient alors
» de pain bénit, et quand il apercevait les mains
» calleuses des laboureurs, il s'inclinait pour
» baiser avec respect ces nobles marques du
» travail de la semaine.

» J'ai parcouru, continue l'illustre comte de
» Montalembert dans ces lignes émues, j'ai par-
» couru les annales de tous les peuples anciens
» et modernes, je n'y ai rien trouvé qui m'ait
» plus ému et mieux expliqué les véritables
» causes de la victoire du christianisme sur le
» monde antique, que l'image de ce Germain,
» de ce fils des vainqueurs de Rome et des con-
» quérants de la Gaule, devenu moine et bai-
» sant, devant l'autel du Christ, la main calleuse
» du laboureur gaulois, dans ce recoin oublié
» du Jura, sans même se douter qu'un obscur

» témoin en tiendrait note pour l'ingrate posté-
» rité [1]. »

Les traits de ce genre devaient courir de
chaumière en chaumière, et mettre le sceau à la
popularité de celui que toute la contrée appelait l'*homme de Dieu.*

Aussi on venait de toutes parts lui demander
des conseils de salut. Il accueillait tout le monde
avec cette touchante bonté qui faisait descendre
dans le cœur une espérance et une consolation
inconnues. Tous entouraient le saint d'une religieuse vénération, s'estimant heureux d'avoir,
sur la terre, un protecteur aussi en faveur auprès
de Dieu.

Cependant Ermenfroi touchait à la fin de sa
carrière ; il fut saisi d'une fièvre violente qui fut
pour lui le signal du départ.

Le biographe, tout entier à cette dernière
scène, fait appel, pour la peindre, à ses souvenirs classiques. Le soleil avait disparu derrière
l'horizon, la nuit étendait son voile épais sur la
terre, et la nature était ensevelie dans un pro-
fond silence. Ermenfroi, étendu sur son lit de
paille, attendait l'appel de Dieu dans tout le

[1] *Les Moines d'Occident*, t. II, p. 578.

calme de l'espérance. Les religieux consternés se tenaient à l'écart, se voilant la face pour ne pas être témoins du dénouement final. Tout à coup une clarté céleste descendit sur le corps du saint, et son âme, portée sur le rayon lumineux, entra au ciel.

Cette clarté ne brilla pas seulement aux yeux des moines qui étaient présents ; elle fut aperçue des bergers du lieu qui veillaient à la garde de leurs troupeaux. Le bruit de ce prodige, confirmé par de nombreux témoins, se répandit au loin , et l'on se disait que le saint venait d'entrer dans la joie du Seigneur.

Il ne faut pas passer sous silence, ajoute Egilbert, qu'une vierge du monastère de Baume, éloigné de six milles environ de celui de Cusance, eut révélation de la mort du saint abbé. Elle appela sa servante [1]. « Allez, lui dit-elle, annoncer à Vuarnier et à nos sœurs que le bienheureux Ermenfroi passe en ce moment de cette vie dans le sein de Dieu. » On députa de Baume

---

[1] C'était une coutume ancienne, dans le monastère de Baume, que les vierges à qui le Saint-Esprit inspirait le désir d'une vie plus parfaite se fissent recluses, et ne conservassent avec elles qu'une servante. Ce Vuarnier dont il est question devait être un moine ou un prêtre attaché au service religieux du monastère.

un courrier qui ne put que constater la mort d'Ermenfroi.

Ainsi s'éteignit, vers l'an 670, sous l'œil de Dieu, une vie volontairement voilée pendant quarante ans sous les voûtes du monastère de Cusance.

Le corps d'Ermenfroi fut enseveli avec honneur à l'église de Saint-Jean-Baptiste, dans ce même tombeau où le saint abbé avait déposé les chères dépouilles de son frère, en attendant qu'il vînt y prendre lui-même son dernier sommeil.

CHAPITRE V

GLOIRE POSTHUME DE SAINT ERMENFROI

L'Eglise et les saints. — Canonisation. — Lettre aux religieux de Luxeuil. — Au tombeau du saint. — Travail de Dieu. — Suffrage populaire. — Culte de saint Ermenfroi. — Translation de son corps à Santoche. — Saint Ermenfroi, patron des laboureurs. — Un épisode de la guerre de 1636.

L'Eglise date la naissance des saints du jour de leur mort ; là où le monde finit, ses enfants commencent.

Car aux saints il reste sur la terre une mère qui ne meurt pas et qui n'oublie point. L'Eglise demeure auprès de leurs tombeaux, comme une mère devant le berceau de son enfant ; et comme la mère se plaît à veiller sur le berceau de son premier-né et à l'embellir, l'Eglise, jour et nuit, veille, prie et chante autour du tombeau de ses saints ; elle célèbre leur louange et glorifie leur mémoire. Tant que l'Eglise, mère féconde, aura des enfants, il y aura, pour les saints, une fête de famille, des prières sur leurs tombeaux, un hommage à leur mémoire, des héritiers de leurs noms, des imitateurs de leurs vertus, et, s'il en est besoin, des défenseurs de leur cause.

La canonisation d'un saint est devenue, par ses formes sévères et somptueuses, l'un des plus grands spectacles religieux. Quand, par des enquêtes poussées jusqu'aux dernières limites de la sévérité, des vertus héroïques, un pouvoir miraculeux, une sainteté irrécusable, sont constatés, un ami de Dieu, pauvre peut-être, pâtre, artisan, un Benoît Labre, reçoit du monde chrétien tout entier les honneurs d'une fête magnifique. Le Père commun des fidèles l'annonce à la ville et au monde, et Rome, la cité des longs souvenirs et des triomphes, est le premier théâtre d'une ovation qui fera le tour du globe et traversera les âges. Le nom du saint est consigné dans le livre de vie, et inscrit en traits ineffaçables dans les diptyques sacrés.

L'Eglise n'a pas toujours inauguré ainsi le culte des saints. Avant que le monde lui fût ouvert de toutes parts, comme aujourd'hui, son

commandement franchissait lentement les barrières qui séparaient les peuples. Usant donc,
en ceci, selon les temps, d'un pouvoir plus local,
mais non moins universel et infaillible, elle
confiait à ses évêques le soin d'en appeler au
jugement direct et immédiat de Dieu, et Dieu
suppléait aux institutions actuelles par des manifestations irrécusables de son intervention [1].

Or, un demi-siècle après la mort d'Ermenfroi,
le prévôt de Cusance, Egilbert, écrivait aux religieux de Luxeuil :

« A Loétric, Mellin [2], Valdégise et Ingrade,
leurs maîtres dans le Christ, et à tous les illustres clercs de Luxeuil, Egilbert, prévôt, et leurs
serviteurs de Cusance, salut.

» Depuis longtemps déjà, Votre Paternité connaît la vie de l'homme de Dieu Ermenfroi, et le
bruit des miracles qu'il a plu à Dieu d'opérer
par son serviteur, pour la plus grande gloire de
son nom, est arrivé jusqu'à vous.

---

[1] Dom Pitra, *Histoire de saint Léger*. Nous avons été d'autant
plus heureux de nous inspirer des pensées de l'illustre bénédictin, devenu cardinal de la sainte Eglise, que son ouvrage, l'*Histoire de Saint Léger*, est devenu plus rare.

[2] Mellin est cet abbé de Luxeuil qui, en 732, tomba sous le
cimeterre du Sarra avec trois cents religieux de son monastère.

» Cependant, comme plusieurs de ceux qui les ont connus aussi bien que vous sont déjà descendus dans la tombe, et que nous-même, accablé sous le poids des années, nous allons au-devant d'une fin prochaine, nous avons voulu confier à la plume, si inhabile quelle soit, pour vous faire parvenir les choses que nous avons recueillies de la bouche de nos Pères, ou dont nous avons été nous-même témoin. »

C'est ainsi que le modeste biographe nous a laissé le récit des miracles qui ont glorifié le tombeau de saint Ermenfroi, et dont plusieurs nous sont confirmés par la tradition populaire.

Dès le premier jour, une lampe avait été suspendue près du tombeau ; l'huile y brûlait sans se consumer, il en débordait même assez pour entretenir une autre lampe. Longtemps après la mort du saint, on pouvait encore constater la permanence du miracle dont le souvenir est demeuré dans la mémoire du peuple.

Cette lampe était aussi un symbole. Saint Ermenfroi était donc, jusque dans le tombeau, ce qu'il avait été dans la maison du Seigneur et dans le champ de l'Eglise, cet olivier fertile dont les fruits abondants de beauté, de douceur, de

miséricorde, sont figurés par l'huile merveil-
leuse.

Aussi son tombeau devint l'asile des âmes
affligées. Tous ceux qui venaient tristes et abat-
tus s'en retournaient joyeux et contents, par la
douce protection du saint.

C'est un serviteur du monastère, qui, devenu
aveugle, vient se prosterner sur le tombeau
du saint, prie avec confiance et recouvre la
vue.

C'est une jeune fille possédée de l'esprit ma-
lin, à tel point qu'elle se déchire les lèvres avec
ses dents; elle vient au monastère, on se met
en prières, et la jeune fille, délivrée, recouvre
cette paix intérieure qui ne devait plus la quit-
ter.

On vient même de loin. Un jour, un étranger
frappe à la porte du monastère; il a les fers aux
mains en signe de pénitence. Il avait déjà visité
d'autres pèlerinages pour expier une faute de
sa vie. Il entre dans l'église, et, prosterné devant le tombeau du saint, il prie dans l'humilité
de son cœur. Au moment où il se relève, les fers
lui tombent des mains; la faveur de saint Ermenfroi avait obtenu son pardon au pèlerin
pénitent. On conserva longtemps les fers au-

dessus de la porte de l'église, comme un témoignage de la protection du saint.

Une veille de Pâques, pendant la nuit, lorsque les serviteurs reposaient dans des cellules voisines de l'église, l'un d'eux entendit comme des voix harmonieuses parties du sanctuaire : « Levons-nous, dit-il aux autres, les Frères sont aux matines. » Au même moment, la cloche appelait les religieux à l'église ; l'office de la nuit n'avait pas encore commencé. Le prodige se renouvela plusieurs fois.

Dans la période de ce viie siècle, c'était le travail de Dieu glorifiant ses serviteurs.

Le vieux monde achevait de disparaître pour faire place à un monde nouveau. Dans le mélange des races envahies et des races conquérantes, l'esprit de Dieu planait sur tous ces éléments en fusion, et faisait germer, à l'ombre des cloîtres et partout, les vertus de la plus héroïque sainteté. Les hommes de Dieu, les ouvriers de l'Evangile, marchaient à la lumière des prodiges, et la vertu divine qui sortait jusque de leurs tombeaux était le témoignage de Dieu en faveur de ses élus.

Sans doute, les actes publics de cette époque étaient, le plus souvent, rédigés par des moines ;

c'est un moine qui nous a donné les actes de la vie de saint Ermenfroi. Mais ce moine était contemporain du saint ; il a vu, il a entendu, il a écrit sous la lumière de Dieu. Ceux qui écrivent l'histoire aujourd'hui sont-ils donc à ce point dégagés des préjugés et des passions ?

Du reste, le peuple, au moins en cette matière, avait déjà le droit de suffrage qui lui est si cher aujourd'hui ; il était appelé à se prononcer, et son jugement était définitif. Ainsi, dès les temps les plus reculés, chaque année, le jour de la fête de saint Ermenfroi, on faisait une lecture publique des actes de sa vie. Ces actes étaient soumis à une sorte de contrôle populaire, en même temps qu'ils nourrissaient la piété des fidèles.

Ce côté divin de la vie de saint Ermenfroi, le miracle, était donc comme son titre officiel et authentique au culte des fidèles.

On rendit à Cusance des honneurs précoces à la mémoire de saint Ermenfroi. Dès le premier jour il reçut dans le monastère une sorte de culte privé. On a longtemps conservé avec piété le lit de paille où Ermenfroi prenait son repos de la nuit et où il avait rendu son dernier soupir. Les moines ne se croyaient pas dignes d'y toucher ; ils avaient dressé une croix de bois devant cette relique, en signe de leur religieuse vénération.

Cette lampe placée près de son tombeau, et dont l'huile brûlait toujours sans être renouvelée, était aussi une image de cette prière continuelle qui s'élevait ardente du cœur des fidèles autour de ce même tombeau.

Dans la lettre adressée aux religieux de Luxeuil et que nous avons rapportée, le prévôt de Cusance ajoutait : « Nous n'avons qu'un seul désir, celui de vous voir, les premiers, mettre en honneur la mémoire de cet homme de Dieu, parvenu à une aussi éminente sainteté. Quant à nous, confiants dans votre autorité, nous nous efforcerons de marcher sur vos traces, heureux d'imiter et, par un religieux dévouement, d'honorer sur la terre celui que Dieu, nous le savons, a couronné dans le ciel de la gloire éternelle. »

Saint Ermenfroi devait, en effet, bientôt recevoir les honneurs d'un culte public.

Depuis un temps immémorial, à Luxeuil comme à Cusance, la fête de saint Ermenfroi avait son office liturgique, et était célébrée sous le rit solennel, le 25 septembre.

A Cusance surtout : « Le chœur des moines que tu as rassemblés célèbre ta mémoire ; ils conservent ton corps au milieu du sanctuaire ; de ce corps sacré émane une source abondante de miracles et une lumière qui éclaire continuellement les pas de tes enfants, ô Père plein de sagesse [1]. »

Les calendriers modernes apportent aussi leur témoignage en faveur de cette sainteté qui a mérité à saint Ermenfroi une place parmi les hommes illustres de l'ordre de Saint-Benoît :

« Ermenfroi, moine à Luxeuil, et ensuite » abbé du monastère de Cusance, illustre par » sa doctrine, sa sainteté et ses miracles [2].

» En ce jour, 25 septembre, dans le diocèse de » Besançon, au village de Santoche, déposition » de saint Ermenfroi, abbé de Cusance, lequel, » après avoir brillé sur la terre de la vie la » plus pure, a laissé, après sa mort, des signes » non équivoques de la plus éminente sain- » teté [3]. »

L'Eglise de Besançon honore par un office propre la mémoire de saint Ermenfroi, sous la

---

[1] Dom GUÉRANGER, *Carême*, p. 582.
[2] TRITHÈME, *De viris illustr. ord. S. Bened.*
[3] DU SAUSSAY, *Martyrol. gallic.*

même date, 25 septembre. Plusieurs églises sont placées sous son patronage.

La canonisation de saint Ermenfroi avait eu, pour forme solennelle, l'élévation et la translation de son corps.

Le tombeau où reposait la précieuse dépouille du saint abbé, sous la garde de ses fils spirituels, avait été comme une source sacrée d'où jaillissait une vie nouvelle pour toute la contrée ; c'est sous les voûtes de sa chère abbaye que le saint avait choisi sa dernière demeure, à côté de son frère bien-aimé. Il semblait donc qu'après sa mort sa sainte dépouille dût protéger longtemps encore, comme une ombre salutaire, ceux dont il avait été, pendant sa vie, le père et le guide. Quel asile d'ailleurs plus assuré pour ces saints religieux que cette solitude de Cusance, à l'abri de toute profanation ?

Et cependant, moins de deux siècles après la mort de saint Ermenfroi, son tombeau était vide.

Comment l'église de Santoche fut-elle mise en possession du bienheureux corps ?

Pour expliquer cette translation, il faut se rappeler que Santoche faisait partie des terres patrimoniales de saint Ermenfroi, et que le monastère de Cusance était un apanage de famille. Les descendants de cette famille, que nous verrons plus tard habiter Cusance pour devenir l'illustre maison qui a porté ce nom, se glorifiaient de compter saint Ermenfroi parmi leurs ancêtres; ils professaient un culte religieux pour la mémoire des deux frères. Leur haute influence ne fut donc pas étrangère à la translation des reliques de saint Ermenfroi. Les religieux de Cusance ne durent pas se voir, sans regret, dépouillés du trésor de leur monastère; mais l'abbaye n'était déjà plus qu'un prieuré.

Santoche, du reste, avait son église au vi^e siècle. A cette époque, les paroisses commençaient à s'organiser, et les églises étaient rares. On les élevait dans les vallées, plus souvent sur des hauteurs, presque toujours au milieu de groupes d'habitations; elles offraient ainsi un point plus facile de ralliement à la piété des fidèles [1]. Par sa position à ciel ouvert, au sein d'une vallée fertilisée par les eaux du Doubs et traversée par une voie romaine, Santoche

[1] *Les curés de campagne en Franche-Comté*, par M. l'abbé MOREY. (*Annales franc-comtoises*, 1865.)

était un centre religieux pour les populations éparses du voisinage.

L'église de Santoche avait même une matricule de prêtres et de clercs attachés à son service.

Or, selon les règles du droit canonique, les reliques des saints ne pouvaient être déposées dans les églises de campagne que si elles étaient desservies par une communauté de prêtres et de clercs qui avaient la garde de ces sacrés dépôts [1].

A quelle époque Cusance dut-il céder à Santoche le privilège de posséder le bienheureux corps ?

En 1692, à l'occasion d'un procès engagé devant l'officialité diocésaine, l'église de Santoche, qui avait la garde des saintes reliques, se glorifiait d'une possession de huit siècles comme d'un titre permanent et incontestable de sa maternité. Un jugement rendu le 22 mars de la même année, par l'archevêque Antoine-Pierre de Grammont, assura à l'église de Santoche ses droits de maternité contre l'église de Pompierre [2].

---

[1] Concile d'Epaone, tenu en 517, et auquel assista saint Claude, évêque de Besançon.

[2] L'église de Santoche faisait encore valoir d'autres titres : *son baptistère*, qui était comme la matrice où ses enfants avaient

Déjà en 1658, l'église de Clerval contestait à Santoche la propriété des reliques de saint Ermenfroi. L'officialité ouvrit une enquête, et les témoins furent entendus. Leurs dépositions, appuyées sur une tradition séculaire, établissaient que l'église de Santoche avait toujours été en possession des précieuses reliques, sans qu'il y eût jamais eu contestation de la part *des églises* de Cusance. Toutefois, disent les témoins, dans les temps de guerre, et pour plus de sûreté, la châsse était transportée à l'église de Clerval et déposée sur l'autel du milieu. Une ordonnance épiscopale du 16 avril confirme à Santoche la propriété des reliques. Elle réserve toutefois les droits du prieur de Cusance, qui eut quatre mois pour les faire valoir. L'intervention du prieur, si elle eut lieu, demeura sans sans effet.

En vertu de la même ordonnance, la châsse fut transportée à Clerval jusqu'à la restauration de la chapelle de Santoche, qui, alors, dépen-

été conçus et régénérés en Jésus-Christ ; son cimetière, où la même mère, qui leur avait donné la vie en naissant, leur donnait le repos en mourant ; son clocher en forme de fenêtre, sur le pignon séparant le chœur de la nef, comme on le voit dans beaucoup d'anciennes églises.

dait de l'église de Pompierre. Aux fêtes solennelles, le curé de Pompierre avait le droit d'exposer les saintes reliques à la vénération des fidèles dans l'église même de Clerval, et de percevoir les offrandes. S'il arrivait que le curé de Clerval fît opposition, sous prétexte de trouble dans les offices divins, on devait rapporter avec décence la châsse à Santoche, avec charge de commettre des gardiens pour veiller, pendant la nuit, dans la chapelle, aussi longtemps qu'elle y reposerait.

Les reliques des saints étaient, à cette époque, la grande richesse des églises. Santoche se montra saintement jaloux de conserver son trésor. Pendant plus de huit siècles, on honora les reliques de saint Ermenfroi sur l'autel de l'église où les avait enchâssées la reconnaissance des populations.

On se souvenait de la sympathie de saint Ermenfroi pour les laboureurs, dont il partageait les travaux, et de sa tendre charité pour les pauvres, à qui il distribuait, en aumônes, des provisions de blé. Ce souvenir, transmis de génération en génération, faisait au saint de la vallée une grande popularité dans la mémoire des peuples.

Rien n'était plus touchant que de le voir transformé, lui si humble, si modeste, si pacifique, en patron des laboureurs. Quand le ciel était sans chaleur ou sans rosée, quand les espérances de nos bons cultivateurs semblaient trahies et que celles de nos vignerons commençaient à fléchir, on portait solennellement les reliques du saint en procession, au milieu d'un grand concours de fidèles, pour demander, selon le besoin, ou la pluie ou le soleil.

On raconte encore aujourd'hui, avec une sorte de terreur, les malheurs de ces guerres dites de Tremblecour (1595) et des Suédois (1636). Le comte de Grancey, qui commandait à Montbéliard, au nom du roi de France, pilla Clerval, emmena prisonniers les plus notables du pays, et leur imposa une forte rançon, les menaçant même de l'incendie et de la mort.

Dans cette extrémité, les habitants se mirent solennellement sous la protection de saint Ermenfroi, s'engageant à célébrer sa fête, chaque année, avec toute la pompe du culte. La ville fut sauvée.

L'acte authentique où sont renfermées ces touchantes dispositions est un magnifique monument de la foi, de la piété et de la résignation des fidèles de Clerval [1].

Depuis, les reliques du saint furent toujours conservées avec honneur dans l'église de Clerval [2]. L'éminent cardinal Mathieu en fit une reconnaissance authentique. Elles sont renfermées dans une châsse élégante et reposent sur l'autel du milieu de l'église.

Puisse un jour cette humble vallée du Cusancin, si émue autrefois sous les pas de saint Ermenfroi, tressaillir de nouveau en recouvrant ses chères et saintes reliques! Puissent ces collines incliner leur front couronné de verdure pour saluer cet heureux retour! Puisse enfin ce nouveau sanctuaire, bénit par la main d'un illustre pontife, nous envoyer comme un parfum rajeuni de la foi de nos pères et des antiques bénédictions! Amen.

[1] *Vie des saints de Franche-Comté*, t. II, p. 397.

[2] L'ancienne église de Santoche, quoique restaurée à différentes époques, est abandonnée aujourd'hui, et n'offre plus que des ruines. Elle était sous le patronage des religieux de Lanthenans. Ce droit de patronage offrait aux églises rurales le moyen d'échapper aux entreprises des seigneurs, dans un temps où les monastères eux-mêmes avaient tant de peine à lutter contre l'invasion des séculiers.

CHAPITRE VI

LA MAISON DE CUSANCE

L'abbaye de Cusance après saint Ermenfroi. — Le prieuré.
— Le château. — La maison de Cusance et le prieuré.

Sous le gouvernement de saint Ermenfroi,
l'abbaye de Cusance avait jeté un vif éclat; elle
le devait à la renommée de sainteté de son fondateur.

Toutefois, les annales du monastère nous
montrent les fils spirituels du saint abbé fidéles
à la mémoire et à l'esprit de leur Père jusqu'au
VIIIe siècle.

Elles parlent d'un religieux du nom de Van-
delbert, qui, tout jeune, avait été attaché au
service de la première maison dirigée par Islia.

Lorsque Ermenfroi vint à Cusance élever les
cellules d'un nouveau monastère, il avait trouvé

ce serviteur dans la solitude, continuant à se
dévouer au service de Dieu. Il parvint jusqu'aux
limites d'une extrême vieillesse, offrant à tous
le spectacle d'une vie angélique.

Les Pères racontaient qu'un jour, le saint
religieux fatigué s'était endormi, en plein midi,
sous un arbre du jardin. Un aigle, descendu
des sommets, s'abattit sur l'arbre, et, couvrant
de ses ailes la figure du vieillard, le protégea
jusqu'à son réveil contre les ardeurs du soleil.

Les mêmes annales citent encore les noms
d'autres religieux, Abaco, Ravemborde, Adbert,
Athaël, Coiranus et Maldagis, qui, dans la charge
abbatiale et jusque dans les plus humbles fonctions du monastère, soutinrent pendant plus
d'un siècle la gloire des premiers jours.

C'est la seule vue que nous ayons pu prendre
sur l'intérieur du monastère après la mort de
saint Ermenfroi. Il faut le regretter, sans doute ;
mais l'annaliste contemporain eût craint de
troubler la paix de ces modestes religieux, dont
la seule ambition était d'inscrire leurs noms
dans le livre d'or des élus pour le grand jour
des révélations.

Il faut le dire, du reste, la modeste abbaye
n'était pas dans les conditions d'une longue

durée. Les meilleures institutions, parce qu'elles
sont humaines, partagent, à des degrés divers,
les instabilités, les faiblesses, les défauts de
tout ce qui touche à l'humanité.

A Luxeuil, l'abbaye modèle, dès le viii° siècle, malgré le génie de son fondateur, malgré
la rigueur de la discipline et l'entrain de la vie
religieuse, avait besoin elle-même de réformes.

Et cependant la discipline devait avoir plus
de prise sur toute une armée de religieux,
comme à Luxeuil, que sur un bataillon isolé,
comme à Cusance, où le courant des réformes
ne pouvait être ni aussi prompt ni aussi facile.

On sait d'ailleurs que l'abbaye de Cusance
était un apanage de famille, et le contact entre
la descendance laïque et la progéniture spiri-
tuelle devait mettre obstacle au recrutement
des religieux, créer des abus et nuire à l'harmonie intérieure de la communauté.

Au témoignage des historiens [1], il fallait que
Luxeuil et Cusance fussent bien déchus de leur
première ferveur et de leur ancien éclat, puisque, en vertu d'un droit renouvelé et confirmé
par les pontifes romains, nos évêques avaient

---

[1] Les Bollandistes. — J. CHIFFLET.

dû intervenir dans les affaires intérieures des deux monastères [1].

A cette époque du xi° siècle, le mouvement vers les réformes était général ; les maisons secondaires étaient rattachées aux grandes abbayes, qui devenaient chefs de congrégations.

C'est ainsi qu'en 1106, Ponce, successeur de Hugues III sur le siège de Besançon, soumit le monastère de Cusance à la juridiction de Saint-Claude. Cusance, comme beaucoup d'autres monastères, perdit son titre d'abbaye pour prendre celui de prieuré.

Nous aurions pu clore ici cette notice ; mais voici que d'autres personnages entrent en scène.

On voit encore aujourd'hui, dans l'église de Belvoir, un tableau représentant la Vierge avec l'enfant Jésus. Dans le paysage, à droite, le château de Belvoir [2] se détache comme une forteresse à l'épreuve des assauts. A gauche, le pinceau de l'artiste ouvre une vue sur la vallée de Cusance.

[1] Bref d'Urbain II, 1096.

[2] Dès la fin du xiii° siècle, les barons de Cusance étaient en possession du château et des terres de la seigneurie de Belvoir par le mariage de Jean de Cusance avec Isabelle, unique héritière de la maison de Belvoir.

Au premier plan, et dans un demi-jour, c'est l'antique abbaye, dont les murs sont baignés par les eaux du Cusancin, qui, sans doute, fournissait d'excellentes truites aux bons religieux. Au second plan, et en pleine lumière, se dessine le château de Cusance, assis sur un monticule, au fond de la vallée, avec ses tours élevées, ses abords et ses contours [1].

Ici, évidemment, le peintre a donné une couleur aux souvenirs; car le tableau porte la date de 1646, et le château a été incendié sous Louis XI, vers 1476.

Mais les fouilles pratiquées dans les ruines nous ont permis de retrouver les assises principales et les grandes lignes du château féodal.

Les murs d'enceinte, avec leurs six pieds d'épaisseur, étaient assis sur les arêtes d'un rocher, et suivaient les contours variés du plateau.

A l'est et au midi, des tourelles angulaires reliaient en faisceau les différentes parties du château, et tout l'ensemble, se détachant sur un fond de verdure, offrait un coup d'œil aussi gracieux qu'imposant.

[1] On distingue aussi les bâtiments d'une ancienne papeterie. En 1658, elle appartenait à honorable François Pouillet, dont un des descendants fut l'illustre physicien Pouillet, membre de l'Institut.

Ce n'était pas moins une forteresse.

Au nord, une grosse tour en saillie, avec étage à l'intérieur, s'élevait sur une éminence en avant du château : c'était le donjon. Il n'avait pas d'ouverture, et était ainsi plus facilement à l'abri de l'escalade et des projectiles. Il servait aussi à surveiller les mouvements de l'ennemi et à correspondre par signaux avec des constructions du même genre sur les points culminants de la vallée [1].

Au pied de la forteresse, on avait creusé dans le roc un fossé dépourvu de revêtement du côté extérieur ; du côté de la place, un mur garnissait le bord intérieur de l'excavation. Au delà du fossé et à la tête du pont, on avait élevé un ouvrage de terre, garni peut-être de palissades pour couvrir le passage.

La porte était défendue par une herse ou grille de fer qui glissait verticalement dans deux rainures pratiquées aux murailles latérales d'une voûte : la herse s'élevait ou s'abaissait au moyen d'un mécanisme placé probablement à l'étage supérieur.

On a dit que le château était flanqué de sept

[1] L'Hume, le Moulin Rouge.

petites forteresses ; c'étaient autant d'ouvrages avancés dont on retrouve encore les positions. Ces fortins étaient destinés à défendre l'avenue circulaire et à protéger les abords de la forteresse principale.

Depuis bien des années, on n'avait plus la pensée de visiter ce qui restait du vieux donjon ; le temps avait passé sur ces ruines ; une végétation spontanée et sauvage y avait planté ses racines et développé toute une forêt.

Aujourd'hui, les ruines ont fait place à une chapelle.

Le manoir féodal était la demeure des sires de Cusance ; la chapelle est dédiée à saint Ermenfroi.

Nous ne ferons donc que nous répéter en disant que le sanctuaire nouveau résume, dans leur forme la plus élevée, les souvenirs de notre histoire locale.

Dans les environs de Sancey, à Chazot, existe une source qui attire l'attention du touriste. Cette source, alimentée par les artères des hauteurs voisines, se montre à peine que déjà elle se perd dans les profondeurs de la montagne. On la retrouve cependant à une distance de huit à dix kilomètres, sortant large et profonde de la racine du Lomont : c'est une des sources du Cusancin, qui, dès lors, poursuit son cours paisible jusqu'au Doubs, à travers les sinuosités de la vallée.

Il y a ici, ce semble, un symbole assez fidèle des destinées de la famille de saint Ermenfroi.

Le noble Varasque ne se montre au monde que pour se dérober plus vite et cacher sa vie dans la solitude d'un cloître ; sa descendance généalogique se perd dans l'obscurité de plusieurs siècles. C'est à peine si l'on devine quelques traces de son développement, lorsqu'on la voit poindre, au xiie siècle, dans l'histoire de notre province. Elle prend alors le nom illustre de maison de Cusance, et on peut suivre sa brillante généalogie jusqu'au moment où elle s'éteint dans le xviie siècle, pour n'avoir plus de nom que dans l'histoire.

Cette maison était déjà en possession de la seigneurie de Cusance lorsqu'elle en a pris le nom, à l'époque où les gentilshommes prenaient le nom d'une de leurs terres. Elle eut, comme les premiers héritiers des fondateurs, la procuration et la garde de l'abbaye.

Les sires de Cusance se faisaient un titre de noblesse d'être les descendants de saint Ermen-

froi, et se glorifiaient de porter les noms d'Ermenfroi et de Vandelin.

La maison d'Oiselet, depuis le mariage d'Ay-
mone de Cusance avec Jean, baron d'Oiselet,
témoignait également de sa dévotion à la chère
mémoire du saint abbé en donnant à ses fils le
nom d'Ermenfroi. On conservait même religieu-
sement dans cette illustre maison un exemplaire
de la *Vie du saint*, par Egilbert. Cet exemplaire
fut confié aux Bollandistes, et figura parmi les
nombreux matériaux qu'ils mirent en œuvre
pour leur immense ouvrage connu sous le nom
d'*Acta sanctorum*.

Lorsque l'abbaye fut réduite en prieuré, ses
terres furent absorbées par la lignée naturelle
et héréditaire, la maison de Cusance. Le prieuré
ne conserva que des possessions particulières
dans l'étendue de la seigneurie et dans le voisinage du monastère.

Les sujets relevant de la directe du Révérend
prieur, de quelque condition qu'ils fussent, re-
connaissaient au seigneur les droits de haute,
moyenne et basse justice, payaient les cens,
prestations, redevances, et étaient soumis à
l'amende. Ils étaient tenus, comme les sujets
du seigneur, à assister aux *monstres d'armes*

le dimanche qui suit l'Assomption de Notre-Dame, et aux revues la veille de la Nativité.

On comprendra que nous ayons eu moins à cœur de faire l'histoire de la maison de Cusance que de rechercher les liens qui rattachent cette illustre famille à la famille de saint Ermenfroi.

La maison de Cusance est une des plus illustres du comté de Bourgogne. Elle a pris des alliances dans les grandes maisons de Belvoir, d'Oiselet, de Neufchâtel, de Vienne, de Mérode, de Vergy, etc. Elle a donné un évêque à l'Eglise de Verdun, une abbesse à Baume, à d'autres monastères plusieurs religieuses, dont l'une, Desle de Cusance, est morte en odeur de sainteté à la Visitation de Gray. Les barons de Cusance remplirent de hautes fonctions dans la province ; ils combattirent sous la bannière de Bourgogne, et versèrent leur sang sur les champs de bataille pour la cause de nos princes. Après la ruine du château, vers 1476, la maison de Cusance fixa son séjour dans l'antique forteresse de Belvoir, et enfin elle s'éteignit, dans le XVII⁰ siècle, avec Clériade de Cusance, comte de Vergy, gouverneur du comté de Bourgogne, seigneur plein d'honneur et de vertus.

CHAPITRE VII

NOTRE-DAME DE CUSANCE

Nous avons commencé cet humble travail sous les auspices de Notre-Dame de Cusance, c'est par elle que nous le finirons.

Après avoir baisé avec un religieux respect les traces de vertus et de sainteté des vieux âges, il nous en eût coûté de ne plus rencontrer aujourd'hui que des ruines.

Mais il nous a été donné de renouer le présent au passé.

Cette solitude était destinée à refleurir ; nous pouvons y cueillir les fleurs que la dévotion de nos pères y a semées. Cette vallée qui a été, dans les temps antiques, purifiée par les émanations virginales de son premier hôte, est devenue un de ces lieux privilégiés où Dieu se plaît à répandre, par Marie, l'abondance des rosées de sa grâce.

Parmi les sanctuaires en renom dans notre province, parmi les lieux de pèlerinage les plus fréquentés, l'un des plus chers à la piété catholique, c'est le sanctuaire, c'est le pèlerinage de Notre-Dame de Cusance.

De nos jours, le pieux visiteur qui vient, à la suite des générations, déposer ses vœux et ses espérances aux pieds de la Vierge miraculeuse, ne se doute peut-être pas que la couronne des ans repose sur le front de la statue vermoulue, dont les traits, à peine ébauchés, rappellent les premiers temps du monastère. Elle a dû sortir de l'atelier d'un humble religieux plus occupé, sans doute, de satisfaire sa dévotion que de produire une œuvre d'art.

Au XIIᵉ siècle, l'église du monastère, placée sous le vocable de saint Jean-Baptiste, fut entièrement restaurée ; elle reçut cette empreinte religieuse et prit ces formes gracieuses si dignes de ces âges de foi. Mais déjà l'ancien édifice avait peu à peu perdu son nom ; la dévotion des peuples lui avait imposé le nom de Celle que tous venaient y chercher. Le monastère devint, pour des siècles, le prieuré de Notre-Dame.

A cette époque, vers 1170, un dimanche, il y avait grande solennité à Notre-Dame et grande fête au château. Ce jour-là, un saint personnage arrivé de la veille avait, en plein air et sous un soleil brûlant, distribué le pain de la divine parole à une foule venue de tous les points de la contrée. Sur le soir, il s'était retiré dans un appartement isolé, et avait prié qu'on lui laissât prendre un peu de repos. Cependant deux jeunes époux, venus de Besançon, traversent la foule et viennent frapper à la porte du château, demandant à être reçus. Le portier, fidèle à la consigne, refuse d'ouvrir. Au même moment, le personnage, averti par une secrète inspiration, vient au-devant d'eux et s'empresse de les introduire. L'étranger se jette à ses pieds et le supplie, avec larmes, de lui pardonner. Que s'était-il donc passé? La veille, un protecteur invisible avait épargné au jeune époux un meurtre horrible en faisant éclater, par un miracle manifeste, l'honneur de sa chaste épouse. Ce saint personnage, ce protecteur invisible était saint Pierre de Tarantaise, venu en pèlerin à Notre-Dame de Cusance.

Depuis, que de fois les générations successives sont venues s'agenouiller au pied de la statue séculaire!

Le sanctuaire de Notre-Dame de Cusance

devait avoir ses mauvais jours. Au xvie siècle,
il est détruit par un incendie. Qu'est devenu le
trésor sacré, si cher à la foi de nos pères? La
piété ne se résigne pas aussi facilement; on
cherche, et bientôt on retrouve l'image miraculeuse au milieu des saules qui bordent la rivière.
Qu'elle se soit elle-même dérobée à l'incendie,
selon une pieuse légende, ou bien qu'elle ait
permis à une main fidèle de la transporter dans
cet asile, il y a ici comme un témoignage que
Marie a voulu faire de cette vallée, pour des
siècles, sa demeure privilégiée, et répondre par
des faveurs marquées au pieux dévouement de
ses serviteurs.

Dans le même temps, en effet, un incendie
bien autrement redoutable, allumé par la Ré-
forme, franchissait nos frontières, nous enserrait
dans un cercle étroit, et menaçait de faire une
ruine de nos croyances. Mais Marie était là, et
ce que Marie garde est bien gardé. Elle veillait
sur le trésor de notre foi, et les efforts de l'hérésie vinrent se briser contre cette tour d'airain.

Un élan général et spontané de la reconnaissance publique entraîna les populations au pied
des autels de Marie. Peu de temps après,
l'archevêque de Besançon, Claude d'Achey,

faisait de l'Immaculée Conception la fête patronale de son diocèse ; mais déjà Cusance était le centre d'une vaste confrérie autorisée par le pape Paul V, sous le nom de Confrérie de la Conception. Cusance apportait ainsi son témoignage en faveur d'une croyance aussi an- cienne et aussi profonde que la foi de nos pères, croyance devenue le dogme de l'Immaculée Conception de Marie.

Telle était l'importance du pèlerinage de Notre-Dame de Cusance, qu'un des plus dévots serviteurs de Marie, le P. Poirey, dans son livre de *la Triple couronne de Marie*, imprimé en 1630, le cite parmi les plus célèbres de la Franche-Comté. Le bon Père, dans la dédicace qu'il fait de son ouvrage à Charles IV, duc de Lorraine, dit « que la renommée n'a pas assez » de plumes ni assez de voix pour porter par- » tout la dévotion de Son Altesse sérénissime » envers Celle qui veille à sa conservation d'un » soin tout à fait maternel. » Il ne se doutait pas que le sérénissime prince aurait, quelques années plus tard, à expier, par des prières, les faiblesses de sa vie.

Charles IV n'en était pas moins un vassal dévoué de Notre-Dame de Cusance.

Dans le tableau que nous avons signalé à l'église de Belvoir, et qui représente la Vierge avec l'Enfant Jésus, le peintre s'est attaché au portrait. La Vierge, avec la beauté de ses traits, son port majestueux, le front ceint d'un diadème, et dans tout l'éclat d'une princesse, est le portrait de la fameuse Béatrix de Cusance. On dit de Béatrix que son esprit égalait sa beauté, et que son ambition, l'ambition d'une vie agitée, rêvait une couronne ducale [1]. Aux pieds de la Madone, d'un côté, des arcs brisés, des tronçons d'armes rompues ; de l'autre, un gentilhomme à genoux, les mains suppliantes. C'est un épisode de la guerre de 1636 : Charles IV, dans un moment de détresse, faisant un vœu à Notre-Dame de Cusance.

Charles de Lorraine prit, en effet, une grande part à cette guerre. L'invasion suédoise a laissé longtemps dans le pays une impression de terreur. Comme si ce n'eût pas été assez du fer et de la flamme, ces bandes indisciplinées

---

[1] Béatrix de Cusance devint, en effet, duchesse de Lorraine par son mariage avec le duc Charles. De cette union sont nés Charles-Henri de Lorraine, prince de Vandemont, et Anne de Lorraine. Celle-ci épousa le prince de Lislebonne, qui prit le titre de baron de Cusance.

traînaient après elles la peste et la famine. Il semblait qu'il n'y eût pas de grotte assez profonde, comme à Montivernage, pour se soustraire à leur fureur. Mais· pendant qu'un traité solennel passé, au nom de la foi, entre Clerval et saint Ermenfroi, sauvait la ville par la protection du saint, ici, la terrible invasion s'arrêtait devant une puissance invisible; et cette puissance, c'était Marie.

Dans les grandes calamités, quand les moyens humains sont impuissants, quand les ressorts de l'âme semblent brisés, la foi se réveille, soulève les foules et les emporte au pied des autels.

On l'a bien vu en 1872, à la suite de nos récents désastres; et l'on sait avec quelle éloquence l'éminent orateur des pèlerinages franc-comtois se fit l'interprète de manifestations si paisibles à la fois et si populaires.

En 1638, le signal de la délivrance devint le signal de la reconnaissance publique dont Marie reçut les hommages dans son sanctuaire de la vallée.

La dévotion envers Marie était héréditaire dans la maison de Cusance, comme dans la maison de Lorraine. Tous les ans, la veille de

la Nativité de Notre-Dame, le prieur venait
recevoir le noble châtelain et ses officiers à la
porte de l'église, leur présentait un cierge et les
conduisait au chœur pour l'office des premières
vêpres. Le prieur reconnaissait ainsi au seigneur
le droit de garde du monastère, et le seigneur
faisait lui-même solennellement hommage de
vassal à Notre-Dame.

Au reste, les nobles fils de la maison de
Cusance tenaient à honneur de reposer, après
leur mort, dans la chapelle de Saint-Jean-
Baptiste, sous la voûte du sanctuaire de Notre-
Dame, et sous la garde de Celle qu'ils avaient
honorée pendant leur vie.

Dans les grandes solennités de l'Assomption
et de la Nativité, les paroisses, bannières en
tête, versaient tous les ans des flots de pèlerins
au pied de la statue vénérée : Servin, Vellevans,
Passavant, Saint-Juan, Orsans, Chaux, Landresse, Mont-de-Villers, Sancey, Chazot, Crosey,
Hyèvre, Lomont, Villers-le-Sec, Baume, Baume
surtout, toujours depuis si fidèle au culte de
Notre-Dame de Cusance.

Dans la foule qui se pressait autour de l'autel
de la Vierge, on distingua un jour un pèlerin
méprisé de son siècle, et à qui le nôtre a vu

décerner les honneurs célestes : c'était le bienheureux Benoît Labre. Il avait visité Notre-Dame
de Gray, Notre-Dame des Jacobins, à Besançon,
et arrivait à Cusance pour la fête de l'Immaculée
Conception.

Trois paroisses, Servin, Landresse, Grand-
Crosey, avaient le privilège de posséder, à cer-
tains jours de l'année, et de vénérer dans leur
église la sainte image. Les jours passés, pendant
qu'une piété égale et un égal amour disputaient,
d'un côté, pour la conserver plus longtemps, de
l'autre, pour la recouvrer, on apprenait tout à
coup que la statue miraculeuse avait repris le
chemin de Cusance, et reposait dans le sanctuaire que Marie s'était choisi depuis des
siècles.

La révolution nous réservait des jours plus
sombres. Le monastère, débris des vieux âges,
dut subir une autre destination. L'église de
Notre-Dame, qui conservait encore des traces de
l'incendie du xvi⁰ siècle, menaçait ruine ; il n'en
fallait pas tant pour la condamner à disparaître ;
elle fut démolie. Les *ex-voto* dont la reconnaissance avait entouré le front de la Vierge
comme d'une auréole de gloire ont disparu.
Mais la piété de nos pères ne se démentit psa.

« L'image de la sainte Vierge à laquelle on a
» une dévotion depuis plusieurs siècles, » dit le
procès-verbal de translation, fut transférée de
l'antique chapelle dans l'église paroissiale, et
placée sur le maître-autel.

Quand le culte public fut proscrit, une seule
église restait ouverte dans nos contrées, c'était
l'église de Cusance; un seul trône demeurait
debout, c'était le trône de Marie. On vit alors
les populations voisines prendre, avec une
sainte témérité, le chemin de la vallée, procla-
mant leur foi, et toujours aussi dévouées au
culte de Notre-Dame. La police s'en émut, vit
là, sans doute, un danger pour la sûreté de
l'Etat, et y mit bon ordre en fermant le sanctuaire.

Mais la sainte image demeurait : vieille sen-
tinelle qui gardait, pour les générations futures,
les leçons et les exemples du passé.

Elle repose aujourd'hui dans une chapelle de
l'église de Saint-Léger.

L'histoire nous a laissé d'autres pages de la
dévotion à Notre-Dame de Cusance. La vallée
du Cusancin est une de ces pages merveilleuses.
Elle porte l'empreinte des religieux souvenirs
de cette dévotion. Chaque promenade est un

pèlerinage où l'on respire les émanations de la
sainteté avec la salubrité de l'air. Sur le bord
des fontaines, le long des chemins, dans le
creux des rochers, au sommet des collines,
partout on rencontre le nom ou la statue de la
Vierge. On installe son image au front des
habitations ; elle occupe sa place au foyer domestique, comme une mère au sein de sa
famille. Ce sont autant de souvenirs, anciens ou
récents, de la douce protection de Marie.

Ici, c'est le lieutenant du châtelain sauvé
miraculeusement de la mort, à la suite d'un
vœu fait à Notre-Dame [1]. Là, près de la source
qu'on appelle la fontaine de la Vierge, un brave
père de famille, aux prises avec un animal fu-
rieux, allait succomber, lorsque l'animal prend
subitement la fuite. Cet homme devait son salut
à la protection de Marie, qu'il avait invoquée.
Ailleurs, sur ces rochers abrupts qui dominent
le *chemin des Vies*, la Vierge apparaît à un
voyageur égaré pendant la nuit et le sauve du
danger. Une simple pierre consacrait ce souvenir, et longtemps on a pu voir le passant

[1] Le lieutenant du seigneur occupait un poste d'observation
élevé derrière la forteresse, sur la crête de ces rochers qui sur-
plombent, à droite, l'entrée de l'Alloz.

s'agenouiller devant cet humble monument et faire une prière.

Un jour, on vient *du côté du levant*, disent les récits du temps, et on apporte au sanctuaire béni un enfant mort-né. On le dépose sur l'autel de Notre-Dame. L'enfant, sous le regard de Marie, reprend vie, reçoit le baptême et meurt ; mais l'ange qui veillait sur cette âme l'emporte au ciel, toute trempée des eaux de la régénération éternelle.

Nous disons ces souvenirs, et nous en passons ; laissons aux esprits prévenus la liberté de sourire, si cela leur plaît ; mais libre à nous aussi de garder la foi simple et naïve du bon vieux temps.

Ce matin encore, nous avons passé en revue ces *ex-voto*, témoignages de la vénération des fidèles de Marie ; nous avons ouvert ces cœurs d'or qui, au milieu des croix, des médailles, brillent comme des couronnes autour du trône de Notre-Dame. Eh bien ! cette foi simple et naïve, c'est la foi de ces pèlerins venus quelquefois de loin pour demander, le fils, la guérison de sa mère, la mère, la conversion de son fils ; c'est la foi de la jeune fille qui vient déposer aux pieds de Marie le témoignage de la plus touchante dévotion. Cette foi simple et naïve, c'est la foi de ce jeune et brillant officier qui, au milieu du feu des batailles, portait dans son cœur la pensée de la vierge de Cusance, et envoyait du Mexique à sa mère de la terre un souvenir pour sa mère du ciel. C'est la foi de la jeunesse d'élite de nos écoles catholiques qui, de Baûme, de Besançon, apporte à Marie l'hommage de son dévouement, et célèbre, avec le chant de la poésie, la gloire de celle qui a

> .....choisi ce paisible ermitage,
> Où Cusance sourit dans son nid de feuillage [1].

Le sanctuaire de Cusance n'a pas cessé d'être le rendez-vous des pèlerins s'empressant de venir vénérer la sainte image, et l'avenir lui promet encore une longue et belle histoire.

Le grand mouvement des pèlerinages, qui grandit de jour en jour, pousse des foules toujours plus nombreuses vers les sanctuaires en renom. Mais le fleuve majestueux, qui roule la masse de ses eaux là où la nature lui a creusé un lit plus large, a pourtant des affluents de moindre importance et des dérivations plus

[1] Pèlerinage du collège Saint-François-Xavier.

humbles qui portent dans les vallées la fraîcheur et l'abondance ; ainsi, pour ceux qui ne peuvent suivre ce grand courant qui entraîne les multitudes dans les lointaines expéditions de la piété catholique vers les sanctuaires de Lourdes, de la Salette , la bonté maternelle de Marie a préparé près de nos foyers un lieu où nous sommes assurés de trouver un accès propice.

C'est, dans notre chère et gracieuse vallée, le sanctuaire de Notre-Dame de Cusance.

TABLE DES MATIÈRES

BESANÇON, IMP. DE PAUL JACQUIN.